SHODENSHA
SHINSHO

山口組と日本
——結成103年の通史から近代を読む

宮崎 学

JN253349

祥伝社新書

はじめに

創立から１００年を迎えた２０１５（平成27）年に劇的な分裂騒動が起こった山口組は、この原稿を書いている２０１８（平成30）年６月末になっても、分裂をめぐってさまざまな情報や憶測が飛び交っている。

ヤクザは、かつてないほどの受難の時代にある――とは六代目山口組の司忍《つかさしのぶ》組長も指摘するところであり、それに異論はない。

山口組を去る者たちも、生活が成り立たないことがその大きな理由であることは間違いない。取り締まりが強化されたことで、それまでの収入源をヤクザは失った。

だが、本書の執筆にあたって過去の文献を調べ、往時を知る人たちに取材してみると、いずれの時代も厳しく、ヤクザが優遇された時代などなかったことを改めて認識した。

そうした中で、行き場のない者たちが身を寄せ合う場でもあったはずのヤクザという疑《ぎ》似《じ》家族が追い込まれていることをどう見るべきか。

そもそもヤクザを社会から排除したところで、より「悪いもの」しか生まれてこない。

たとえばＮＨＫの「クローズアップ現代」が取り上げるなど、昨今話題になっている

「貧困暴力団」の問題は、特に新しいテーマではないのだが、現代のヤクザが食うためになりふりかまわない状況になっていることを示している。

また、抗争や詐欺事件を起こさせないために、組織のトップに刑事と民事の責任を負わせるシステムが法令で定められたが、これに対抗する措置としての偽装除籍も目立ち始めた。いったん組を除籍になった若い者が、長い潜伏期間ののちに鉄砲玉となるのである。あるいは最初から盃事をしない例も増えてきた。上意下達の枠から外しておくことで、共謀共同正犯や使用者責任を免れるのである。

「これでは、もはやヤクザとはいえない」との指摘もあるが、ヤクザも時代に合わせて変わってきた。江戸時代の火消しから戦前までの町の顔役、戦後の自警団、バブル期に抬頭してくる経済ヤクザなど、それぞれは「ヤクザ」でありながら、違う「ヤクザ」である。

そういう意味では、ヤクザは世間を反映する鑑（鏡）であると考える。

これからもヤクザは変わり続けるだろう。

昭和どころか平成のヤクザも終わってしまうが、21世紀のヤクザがどうなるのか、これからも注目したい。

なお、本文では肩書きは当時のものを使用し、一部敬称を略させていただいている。また、報道などの引用には数字をはじめ表記を変え、適宜振り仮名を付しているところもある。ただし、読み方が確認できない固有名詞については、その限りではない。

そして、現在すでに故人となられている方について、特に明記はしていない。

なるべく多くの文献を当たっているが、私の思い違いもあるかもしれない。もし違っているところがあれば、ぜひご指摘、ご指導をお願いしたい。

２０１８年６月29日　関東の早すぎる梅雨明けの日に

宮崎　学

目次

第五章 異様な時代
——司忍六代目は、山口組の置かれた状況をどう捉《とら》えたか 197

第一章　山口組の黎明《れいめい》

――近代ヤクザは労働者の組織から始まった

発祥の地・神戸《こうべ》

兵庫・淡路島《あわじ》出身の沖仲仕《おきなかし》・山口春吉《やまぐちはるきち》が、最初に「山口組」の看板を出したのは、神戸《こうべ》港に近い神戸市兵庫区西出町《にしで》の広い木造の大きな民家であった。檜《ひのき》の一枚板に掲《かか》げられた「山」の字と「菱型」の代紋《だいもん》は、今も「現役」である。

のちに最盛期には準構成員を含めて「4万人軍団」と評された組織の船出であった。初代山口組の誕生。それは1915（大正4）年のこととされる。この前年、日本は第一次世界大戦に参戦し、世間は大戦景気に沸《わ》いていた。

それから100年余を経《へ》ても、この西出町の名は変わらず、「山口組発祥の地」としてヤクザファンには「聖地」とされている。

ただし、厳密にいえば設立当時の山口組は、博徒《ばくと》を中心とした任侠《にんきよう》団体ではなかった。神戸港の港湾荷役《こうわんにやく》組織で、当時「人足《にんそく》」あるいは「人夫《にんぷ》」と呼ばれた、沖仲仕などの労働者の派遣が主な目的であった。

この労働者については後述するが、気の荒い沖仲仕たちは、しばしば「ヤクザ者」と呼ばれ、ヤクザとしてまとまっていたほうが便利なこともあったのだろう。

むしろヤクザ者たちは「自分はヤクザだ」と名乗りを上げるというより、世間から「ヤクザ者」という刻印を押されることで「生まれてくる」と考える。ヤクザを生み出すのも、抹殺《まっさつ》するのも、世間なのだ。

それはさておき、山口組を創立した当初の春吉は、40人から50人ほどの沖仲仕をかかえており、彼らはこの大きな民家に寝泊まりしていた。いわゆる「人足部屋」である。

1階の食堂には常に食事が用意され、2階の50畳の大広間には布団《ふとん》が積まれていた。ここを寝室に、30人から40人ほどがいつも寝食《しんしょく》をともにするのだ。当時の神戸港の周辺には、こうした組織がいくつもあり、当時は東洋最大といわれた神戸港の隆盛を支えていたのである。

世界有数の国際貿易港へ

神戸港は、1868年1月1日（旧暦慶応3年12月7日）の開港以来、日本の近代化とともに歩んできた。当初の開港地は、現在の神戸港の西側にあたる「兵庫津《ひょうごのつ》」が対象とされ、「兵庫港」と称されたが、1892（明治25）年の勅令《ちょくれい》により「神戸港」となると急速に近代化が進み、国際貿易港として発展する。

明治政府が改元したのは1868年10月23日（慶応4年9月8日）で、新暦を採用したのは1873年1月1日（明治5年12月3日）である。このためややわかりにくいが、神戸開港の2日後、慶応3年12月9日には王政復古令が発せられ、300年近く続いた江戸幕府は崩壊した。ちなみに開港の3週間前（慶応3年11月15日）には、京都・河原町《かわらまち》の近江屋《おうみや》で大政奉還に奔走していた坂本龍馬《さかもとりょうま》が暗殺されている。

そして日露戦争（1904－1905）後になると、工業化が進み、対アジア貿易によって経済が急成長していく。とりわけ神戸港とその周辺は発展がめざましく、横浜港に次ぐ規模の成長を遂《と》げていた。三菱《みつびし》、三井《みつい》、住友《すみとも》などの財閥も神戸に進出し、川崎《かわさき》造船所、三菱重工、神戸造船所などの大工場も作られている。

明治元年には「兵庫県」が設置され、さらに神戸港近くにチャイナタウン「南京町《なんきんまち》」も誕生している。江戸時代に西洋人の通訳や使用人として長崎に暮らした華僑《かきょう》たちが神戸に暮らし始め、食品や日用品などを売る市場を作り上げていったのである。当時の中国人を日本人が「南京さん」と呼んだことから「南京町」となったようだ。

こうして多くの者たちが大都市神戸を目指し、出稼ぎ労働者たちが急増する。『神戸市統計書』によると、1889（明治22）年に13万4704人だった神戸市の人口は、1906（明治39）年には34万5952人と、およそ3倍にまで増えている。

この背景には、神戸港周辺の景気がいいというだけではなく、当時の日本国内で続いていた凶作による農村の窮乏《きゆうぼう》もある。

コメの不作が続き、全国的に貧富の差が拡大、スラム街が増加していた。神戸市内にも新川《しんかわ》や葺合《ふきあい》、長田《ながた》などのスラムに粗末な木賃宿《きちんやど》がどんどん建てられており、神戸で一旗揚《あ》げようとする者たちは、まずそこに暮らすのである。

行商人と人足

当時の神戸では、無一物《むいちぶつ》で頼る人もなく出てきた若者でも、木賃宿に住み、コメの行商か沖仲仕の仕事にはその日から就《つ》くことができた。これらは「誰にでもできる」仕事であり、きつさのわりに儲けは少ない底辺の労働である。そこから這《は》い上がっていくには、それなりの才覚が求められるわけだが、春吉も才能とチャンスには恵まれていたのだろう。

コメの行商をする者は、まず高利貸しにカネと天秤棒《てんびんぼう》とカゴを借りる。スラムには、貧困層を相手にする高利貸しも住んでいた。

この高利貸しから借りたカネで国産のコメと安い南京産のコメを仕入れて適当に混ぜ、スラム街で売り歩くのである。その日暮らしの生活をする者たちを相手にした商売で、日々わずかな収益を得ることができた。夕方に1日の売り上げの中から元金と10銭程度の利息を高利貸しに返す。その繰り返しである。

もう一つの沖仲仕という仕事は、コメの行商よりハードルが高かった。健康というより は屈強な成人男子限定である。

沖仲仕とは、海上の大型船から艀《はしけ》に荷物を運ぶ仕事である。現在は「沖仲仕」という言葉は使われず、「港湾労働者」ということになるが、事典にはこうある。

港湾が本格的に整備される1965年（昭和40）ごろまでは、船舶が入港しても接岸できる施設が少なく、そのため大部分の船舶は沖に停泊し、貨物は艀に積み替えて陸との間を運送されていた。こうした沖の本船や艀の中で貨物の揚げ降《おろ》しの作業に従事するため、沖仲仕といわれた。その雇用形態は常雇《つねやと》いと臨時の日雇いとがあり、かつては後者の占める比重がきわめて高かった。前者は古くから「何々組」と称する荷役請負《うけおい》業者（親方）の下に所属し、親方とは封建的な親分・子分の身分関係で結ばれていた。現在ではそうした関係は払拭《ふっしょく》され、他方、日雇いの常雇い化も図られた。港湾荷役に各種荷役機械が導入される以前の、手荷役ないし肩荷役といった重筋肉労働中心の段階では、沖仲仕の船内作業は港湾荷役の中心をなし、もっとも労働密度が高く、熟練を要した。
船内荷役は狭く危険な作業環境で迅速に貨物を処理する必要から、チームが編成され、強い統制がとられている。1チームの人数は、貨物の種類によって違うが、10～20人ぐらいで、組長、クレーンを操作するウィンチマン、シグナルマン、組員などからなる。

（小学館『日本大百科全書』［ニッポニカ］　原文以外の振り仮名は引用者。以下同じ）

事典の解説にあるように、沖仲仕には「常雇い」と臨時の「日雇い」とがあり、正社員のような常雇いである「常人足」、決まった人夫部屋に所属している「部屋人足」、それに日雇いの「買人《かい》足」がおり、この「買人足」は体力さえあれば誰でも雇ってもらえた。今ふうにいえば、部屋人足はハケン、買人足はケータイバイトといったところか。
朝の暗いうちに港に行き、手配師から声をかけられれば、それだけで仕事にありつける。身分証明書もカネも保証人も、もちろん資格や免許もいらない。仕事はきついが、艀から船に上がって指図どおりにすればいいのだ。

作業の内容にもよるが、賃金は日払いでだいたい1日30銭から40銭。そこから昼食代を引かれる。当時は宿代が1泊5銭から10銭、一膳《いちぜん》めし屋のめし一膳が1銭5厘、汁が一杯1銭程度なので、妻子を抱えた春吉の暮らしは楽ではなかっただろう。

任侠気質を育《はぐく》んだ重労働

沖仲仕の仕事はいわゆる3K(きつい、汚い、危険)職種どころか、非人間的ともいえる過酷さだった。従事しているのは荒くれ者たちばかりで、ケンカも絶えず、今どきの「ブラック企業」など比較にならないだろう。

彼らは、日の出から日の入りまで1日12時間をひたすら力仕事に明け暮れた。仕事の大半は荷運びである。150キロから200キロはある袋入りの綿やコメを担《かつ》いで船と港をひたすら行き来する。

大型船舶は10メートル以上の高低差があり、自分が落ちるだけでなく、人や重量物が落ちてくる危険と常に隣り合わせである。もちろん現在のような労災保険制度などはない。

当時、神戸の港湾荷役請負業で唯一の会社組織だった「上組《かみぐみ》」では、採用試験の際に重い荷物を担いで艀と船をつなぐ歩み板を歩かせたといわれている。もっとも当時の日本鋼

港湾荷役は重労働（昭和41年の神戸港の様子　© 共同通信）

管も、60キロの鋼鉄の塊《かたまり》を担いで50メートルを全力疾走させていたとの話もある。機械ではなく人の手に頼る時代であり、逆にいえば、体力さえあれば生き残れたということでもある。

こうした労働に就く者たちが「お上品」な暮らしをしていたわけはなく、風紀は乱れまくっていた。

『神戸沖仲仕業組合規約』（1898年　兵庫県認可）では、船内での賭博《とばく》や船内備品の持ち出しなどを細かく禁じている。

こうした当たり前のことまで、きちんといわれなければならない者たちではあるが、ともに運命共同体に身を置き働く中で、「任侠気質」が育まれていったのではないかと思う。

沖仲士から横浜港の港湾荷役の中心人物となり、稲川会《いながわかい》の直参《じきさん》・埋地《うめち》（外国人居留地を指す）一家初代に就任した藤木幸太郎《ふじきこうたろう》は、こう回顧している。

沖人夫（引用者注・沖仲仕のこと）仲間のいいところは、仕事が15人、20人と一つのグループで協同作業をするところにあった。一人の落伍者も出さないよう、お互いに助け合わないと仕事がうまくいかなかった。他の職場のように一人だけの抜けがけ功名《こうみょう》は許されなかったし、そういう者はまた仲間から外された。その結果、他人を蹴落《けお》としても出世しようとする者や、骨の折れる仕事は他人にあてがって自分だけ楽をしようとする狡《ずる》い者もいない。

（白土秀次『ミナトのおやじ　藤木幸太郎伝』（藤木企業　1978年）

すなわち腕《うで》っ節《ぷし》や暴力だけではダメで、仁義を守る者でなければ生きていけない世界であり、藤木だけではなく春吉にもそうした気質が備わっていたのだろう。

これは沖仲仕のほか土建業や製造業など3K職種において特に求められる気質であり、

それを持った者たちが親方として子方たちを統率していく。

港の作業員——沖仲仕と浜仲仕

神戸港になる前の兵庫港の頃は、小型船を岸壁に寄せて荷役作業をしており、作業員は「浜仲仕」と呼ばれていた。接岸した船舶と埠頭《ふとう》の間で荷の積み下ろしをするのである。荷もそれほど大きくはなく、沖仲仕よりはラクな作業であったことだろう。

この浜仲仕たちは、「浜頭《はまがしら》」と呼ばれる親方がまとめる「組」にそれぞれ所属し、処遇などの交渉は複数の組を代表する「惣《そう》浜頭」にゆだねられていた。

また、これらの組は地元の町の代表でもあり、火災の際など消防活動も行なっている。すなわち荷役労働者の集まりである労働組合と、公的な消防団の両方の性格を併《あわ》せ持っており、町では頼られる存在であったようだ。

ところが、神戸港が国際港として発展すると、浜仲仕に代わって沖仲仕が活躍するようになる一方で、自治体も変化したことにより、浜仲仕の組は解体されてしまう。

日本の近代化は、明治維新後の国内のさまざまな改革によって、江戸時代までの地域社会や職能社会のような自治が解体されることで進められてきたのである。

この神戸港で労働者をまとめていたのは、沖仲仕供給業者すなわち「手配師」である。浜仲仕の組織にある親分的な存在ではなく、よくいえば自由競争的なのであるが、実際には毎日が「その場限り」で、刹那《せつな》的で無秩序な流動状態が支配した。

この手配師という言葉に、いいイメージはない。

辞書には、「職業安定所などの公的機関を通さないで自由労務者などを雇用者に紹介し、斡旋《あっせん》料を取る者」とある（三省堂『大辞林　第三版』）。自由競争の名の下《もと》に無法も辞さないというニュアンスが垣間見える。

一人前になるまで10年はかかるといわれていた浜仲仕の仕事に対し、荷物を運ぶだけの沖仲仕の仕事は重労働ではあるが、熟練は必要なかった。

だから、誰でもその日から働ける仕事として、「ワケあり」の者たちには人気があったのである。神戸港の開港後に設置されていた公的な「神戸人足取締方《とりしまりかた》」では、どんどん増える沖仲仕たちの労働市場を統制できず、港周辺は沖仲仕の職を求める新参者や流れ者であふれかえるようになる。

押し寄せる求職者たちを統制するために、元力士で町の顔役、関浦清五郎《せきうらせいごろう》に白羽の矢が立ったことがあった。関浦は、現役時代は「関の浦」という四股名《しこな》で、「清次郎」とも名乗っていた。江戸時代の相撲《すもう》取りはアウトローの代表であり、力自慢のヤクザ者であった。

一筋縄ではいかない荒くれ者たちをまとめられるのは、いつの時代もヤクザしかいないのだ。

関浦は神戸港周辺にあった人足寄場を統合して、「人足屯所《とんしょ》百人部屋」を設置した。1870（明治3）年のことである。これは労働者の宿舎と福祉施設を兼ねたようなもので、神戸周辺に流入していた流れ者や貧民、ヤクザ者、身体障碍《しょうがい》者などをいったん収容し、沖仲仕として働けそうな者は港へ斡旋するようなことをしていた。のちに山口春吉も入る沖仲仕の人足部屋のはしりのようなものである。

だが、いかんせん入ってくる者たちが多すぎた。

神戸港は発展の一途をたどっていたため、関浦の百人部屋だけで沖仲仕を統制するのは不可能であった。百人部屋は解体されてしまい、神戸の労働市場の膨張は無秩序な自由競争の中でとどまることがなかった。

こうした中で、力のある外資系の船会社と荷役請負業者の下で「下請業者」としての労働者供給事業が活躍するようになる。この事業者つまり手配師たちは、正社員的な「部屋人足」の雇用は最小限に抑え、臨時雇用者としての「買人足」を集める機能を有していた。

海運業の貨物の取扱量は、季節や天候、経済情勢などに左右されやすい。そのため船会社にとっては、その日ごとの貨物の量に応じて手配師に買人足を集めさせるほうが合理的だったのだ。この構造は土建業も同じである。

妻子とともに神戸へ

1881（明治14）年に兵庫県津名《つな》郡来馬《くるま》村（現・淡路市）に生まれた春吉は、日露戦争に応召、復員後は故郷で漁師をしていたとされ、1906年には妻子とともに神戸に出ている。妻の名はワキ、子どもは1902（明治35）年に生まれたばかりの登《のぼる》で、登はのちに二代目山口組を襲名することになる。

春吉は、ここで沖仲仕の職を得る。

春吉たちがやってくる少し前の資料によると、1898（明治31）年当時、神戸港の周辺には男の沖仲仕が7250人、女の沖仲仕が250人ほどいて、そのほか浜仲仕3570人、陸仲仕2000人と、合計で1万3000人ほどが仲仕として働いていたと記録にある（警察の調査報告『神戸築港調査書』）。

当時の神戸市内の人口が23万5000人ほどだったというから、かなりの割合で仲仕たちが働いていたことになる。

このうち正社員的な常用の仲仕は神戸地区で1203人、兵庫地区で139人ほど、残りの約9割は臨時雇用者である（田中鎮彦編『神戸港』1905／明治38年）。

彼らをまとめていた組織は、前述したように「組」と呼ばれ、最大手の上組だけで600人を擁しており、そのほかは小さな組が神戸地区で91組、兵庫地区で69組ほど存在していた。

所轄《しょかつ》の警察署から仲仕業の「請負業者」として許可を受けたのは、上組のほかは大半が外資系の企業であり、これら請負業者（元請《もとうけ》業者」）から作業を請け負う「下請業者」として、神戸地区には関吉《せきよし》組、倉橋《くらはし》組、高見善兵衛《たかみぜんべえ》、二引合名《ごうめい》会社、兵庫地区では上栄組、一柳組、田中《たなか》組などが名を連ねていた。

経緯は詳《つまび》らかではないが、春吉は中堅の「倉橋組」の部屋人足になる。

最底辺の生活

倉橋武三率《ひき》いる倉橋組に入った山口春吉は、森田末吉《もりたすえきち》を小頭《こがしら》とする人足部屋に所属した。

人足部屋とは、いわゆる「タコ部屋」である。炭鉱や土木建築の現場などでは納屋《なや》制度、あるいは飯場《はんば》制度ともいい、かつての劣悪な労働環境の代名詞であった。

『ブリタニカ国際大百科事典』（電子版）は、納屋制度を「明治に炭鉱などでみられた前近代的労務管理制度。明治の初め、炭鉱労働者は囚人を主体としていたが、徐々に農村からの労働者へと移行した。炭鉱資本家はこうした労働者を直接管理せずに、納屋頭を設け、それに労働者の雇入れや管理をまかせた。納屋頭は、雇入れた労働者を納屋と称する合宿所に収容し、家具、作業器具一式を貸与《たいよ》するとともに、仕事の割当てから賃金の一括受取りまで行なった。そしてさまざまな名目で搾取《さくしゅ》し、待遇は残忍でさえあった。鉱夫の死亡率は高く、逃亡する者には私刑が加えられた。このような制度は、囚人労働の慣行が引継がれたためであるが、大炭鉱の進出につれ、次第に後退していった」としている。

また、作家の正延哲士《まさのぶてつし》の実録小説『昭和の侠客《きょうかく》　鬼頭良之助《きとうりょうのすけ》と山口組二代目』（筑摩書房）には、「下宿屋」という「労働部屋」について次のように書かれている。

口入れ屋は、仕事を求める貧しい男を下宿屋と呼ぶ労働部屋へ紹介する。下宿屋の主人が、沖仲仕の親方だ。ろくに戸籍も判らない流れ者を、騙《だま》したり脅《おど》したりして過酷な重労働に従わせるのだから、親方の能力は暴力を背景に成り立っていた。（略）親方へ払う下宿代は二十五銭と決まっていた。朝は支那《しな》米に古い漬物、夜も支那米で副食には油揚げ二枚ほど、十四、五畳の部屋に二十四、五人が詰め込まれ、薄っぺらのせんべい布団にくるまって眠る。労賃はすべて親方が預かり、下宿代や草鞋《わらじ》銭などさっ引いて四日と十九日に支払う。湿っぽく蒸し暑い労働部屋では毎晩のように賭博が開帳され、過酷な稼ぎから身を削るように上前がはぎ取られる。そういう、下宿が神戸には三百ほどあった。

もっとも妻子のいた春吉は、タコ部屋ではなく木賃宿に住み、港に通っていたようなのだが、この木賃宿もタコ部屋と大差はなかった。

たとえば作家でジャーナリストの松原岩五郎《まつばらいわごろう》は『最暗黒の東京』（岩波書店）で明治中期の東京下層社会における日雇い周旋《しゅうせん》・人夫部屋、仲仕労働の実態を書いている。「貧民《ひんみん》窟《くつ》」という表現では足りない、当時の一般市民にも想像もつかないような生活だったようだ。

「その怪窟たるや、およそ世にありとあらゆる悪心《あくしん》の結晶体、生活の犠牲、魔物の標本、誘惑の神、肉慾《にくよく》の奴隷等が心中の争闘を以《もつ》て活動する混合洞窟にして……」とあり、極貧が生む世界の恐ろしさが垣間見える。

こうした劣悪な環境の下で、春吉は懸命に働き、親分への階段を上がっていくことになる。

九州ヤクザと神戸ヤクザ

神戸ヤクザのルーツは、実は九州ヤクザにあるといわれる。

九州・筑豊（現在の福岡県中央部）の大親分として知られた吉田磯吉《よしだいそきち》の子分・富永亀吉《とみながかめきち》が神戸を制し、神戸出身ではない富永が「神戸の親分」と呼ばれたのである。

富永の親分だった吉田は現在の福岡県遠賀《おんが》郡の出身で、遠賀川での石炭輸送などで成功し、1901（明治34）年の八幡製鐵所《やはたせいてつしょ》開設時には、好景気につられて全国から集まった荒くれ者たちによる混乱を収拾するなど、地元への貢献を称《たた》えられて北九州市若松《わかまつ》区に銅像も残る。衆議院議員も20年ほど務めている。

北九州の沖仲仕・玉井金五郎《たまいきんごろう》とその家族を描いた火野葦平《ひのあしへい》の大河小説『花と竜』に登場する「磯吉大親分」とは吉田のことで、主人公の玉井金五郎を子分に襲撃させるくだりは事実とされる。吉田は、沖仲士の生活向上のために小頭の組合を作ろうと運動していた玉井を快《こころよ》く思わなかったようだ。

だが、玉井は沖仲仕たちの生活を少しでもよくさせようと奔走していた。

かつて北九州市若松では、沖仲仕のことを「ごんぞう」あるいは「ごんぞ」と呼び、その生活は炭鉱夫と並んで悲惨をきわめていた。

1891(明治24)年に筑豊興業鉄道が若松-直方《のおがた》間に開通し、筑豊で産出された石炭は若松港に運ばれ、寒村だった若松は港湾産業で栄えた。労働は過酷そのものだったが、厳しい沖仲仕の仕事の中で「ごんぞ唄」が自然に生まれ、唄われた。「ごんぞ唄」には何種類かのバージョンがあるそうだが、比較的知られているのは火野が『花と竜』で紹介したものであろう。

あたしゃ仲仕で　半纏《はんてん》育ち

長い着物にゃ　縁がない
沖のごんぞが人間ならば
蝶々トンボも　鳥のうち
若松みなとの　ごんぞは花よ
粋《いき》な手さばき　日本一

（『若松市史第二集』　西日本新聞２００６年8月16日付より）

激しい労働の中で生まれた歌は、どことなくのんびりしている印象である。

ところで、吉田は博奕《ばくち》が好きで気性の荒い「川筋《かわすじ》気質」の典型ではあるが、ヤクザではなかったという説もある。

「任俠」（任侠）と最近のヤクザはだいぶ性質もイメージも異なるので、そういう話も出てくるのだと思う。たしかに当時の任俠は「経済ヤクザ」とも「貧困暴力団」とも映画『仁義なき戦い』の登場人物のようなヤクザとも違う。

だが、荒くれ者たちに一目《いちもく》置かれるには、それなりの「力」が必要であり、吉田はその力を持っていた。玉井も、そして山口春吉も同様だったのではないか。私は、こうした力を持つ者たちに近代ヤクザの原型を見る。

さて、北九州の吉田のもとで炭鉱の用心棒をしていた富永は、神戸港の開港時に神戸に進出し、港湾荷役の手配師として成功する。

もともと富永は、筑豊炭鉱の納屋制度（前述）を熟知しており、神戸の港湾労働や土建労働の現場でも活用した。さらに警察権力とも協力して手配師の元締めとしての力を発揮、横浜・東京の港湾労働者たちよりも親分・子分関係が厳格な労働環境を築いていた。

労働基準法もない時代とはいえ、かなり荒っぽい労務管理ではあるが、気の荒い流れ者たちをまとめるには合理的な管理方法でもあったといえ、富永組を立ち上げた富永亀吉は神戸の大親分として君臨したのである。

水国《すいこく》闘争

1912（大正元）年頃、富永亀吉は同じ北九州の出身だった大島秀吉《おおしまひできち》を神戸に呼び寄せ、富永組の客分として迎える。この大島は兵庫運河の近くに居を構え、のちに「運河の親分」と呼ばれるようになる。

みずから大島組を率《ひき》いて三菱造船の拡張工事、神戸高架鉄道工事などの土木建設工事の下請け、あるいは「保安管理」という名の用心棒として勢力を広げていった。
ところが、大島を呼び寄せた富永が1923（大正12）年に地元のヤクザに殺害される。実行犯は中山組《なかやまぐみ》組長・中山八十吉《やそきち》（弥三吉）と末吉《すえきち》の兄弟とされているが、背後には大日本国粋会《こくすいかい》との部落解放運動をめぐるトラブルがあった。いわゆる「水国《すいこく》闘争」である。

この大日本国粋会は現在の山口組直参・國粋会《こくすいかい》の前身であるが、設立当時は「国粋」という名称が示すように、右翼団体的な性格が強かった。

事典にはこうある。

> 1919年（大正8）10月、関東、関西のやくざを集めてつくった官製の暴力団右翼団体。原敬《はらたかし》内閣の内務大臣床次竹二郎《とこなみたけじろう》が根回し役で、同年すでに発足していた関東国粋会の梅津勘兵衛《うめづかんべえ》らと関西の侠客《きょうかく》西村伊三郎《にしむらいさぶろう》などを「大同団結」させ、大木遠吉《おおきとおきち》伯爵を総裁にして設立。東宮侍講《とうぐうじこう》杉浦重剛《すぎうらしげたけ》が皇室中心主義に仁侠道《にんきょうどう》を加えてつくった綱領（これ以外にも、労資協同などをうたった別綱領があった）をもち、労働争議、部落解放運動を襲撃、各地で蛮行を働いた。23年の奈良県水平社《すいへいしゃ》事件、27年（昭和2）千葉県野田醤《のだしょう》

油《ゆ》争議への暴力介入はとくに有名。発足以来関東系と関西系の縄張り争いが絶えず、衝突と手打ちを繰り返し、しだいに力を失った。58年（昭和33）に日本国粋会として再建、「保守反動政策排撃、進歩的健善政党支持」などの綱領をもったが、現在は名ばかりとなり、この系譜の団体として国粋青年隊、蒼龍会《そうりゅうかい》がある。

（小学館『日本大百科全書』［ニッポニカ］）

保守というか右寄りの言論雑誌『ＳＡＰＩＯ《サピオ》』を発行している小学館の百科事典がこのような解説をしているのは興味深いが、ここにも書かれている１９２３年の奈良の乱闘事件をきっかけに、西日本各地で「水国闘争」が起こっている。１９２２（大正11）年に結成された部落解放団体・全国水平社（現在の部落解放同盟）と大日本国粋会との抗争であることから、この名で呼ばれる。

だが、実際には激しい対立の裏でヤクザと水平社活動家がつながっていた場合が少なくなかったといわれている。下層社会におけるヤクザの「両義的役割」がうかがえるが、とにかく一筋縄ではいかない状況であった。

その一方で、関東ではヤクザの側の政治的権力との癒着が顕著で、もっぱら社会運動への敵対に動いたのが特徴的だった。

この頃の富永亀吉は国粋会の神戸支部を設立しようとしており、殺害は「水国闘争」の余波といえた。

今では考えられないことであるが、当時から1970年代頃までは社会主義および共産主義の抬頭《たいとう》への危機感がけっこう強かった。学生運動も盛んで、私も暴力革命を夢見ていたが、これを潰《つぶ》そうとする国粋主義的な運動にも勢いがあった。

当時の国粋会の存在意義は、社会運動を抑えること、特に労働争議における労使調停にあったのである。ちなみに山口春吉はこうした動きには関わらず、政治的権力とは距離を置いていたことは興味深い。

ところで、それ以上に興味深いのは、自由民主党が現在も綱領で共産主義を排除していることである。

「わが党は、真の民主主義政党である」とし、「わが党は、個人の自由、人格の尊厳及び基本的人権の確保が人類進歩の原動力たることを確信して、これをあくまでも尊重擁護《ようご》し、階級独裁により国民の自由を奪い、人権を抑圧する共産主義、階級社会主義勢力を排撃する」と公式サイトにも明記している。

いかなる主義であっても人権を抑圧しない政権はありえないというのが私の立場であるが、昨今の「暴力団対策」は明らかに人権を抑圧している。まずはここから議論されるべきである。

なお大日本国粋会はその後何度かの改称を経て、1991年の工藤和義《くどうかずよし》四代目会長襲名に際して「日本国粋会」から「國粋会」となったが、2005年に山口組の傘下となった。これは、かなりの衝撃をもって迎えられ、「日本のヤクザ地図が塗り替えられる」とまで評されたことは記憶に新しい。

だが、2007年に工藤会長は急死。自殺と報じられた。

春吉、大島秀吉の子分になる

大正時代に話を戻そう。

大島秀吉は富永亀吉の死後に勢力を拡大、神戸市の市会議員にも当選して、神戸の顔役となる。春吉は、この大島の盃《さかずき》を受けた。

淡路島で漁師をしていた春吉は、もともと海の環境に慣れており、頑健な身体に恵まれていたので、沖仲仕としてやっていくには十分であった。そして、それ以上に無口で忍耐強く、人の嫌がることを率先してやったので、人望もあったといわれている。親分の資質を生まれつき持っていたのだ。

だから、臨時雇いの買人足から正社員的な部屋人足、棒心《ぼうしん》、組頭《くみがしら》へと出世するのに時間はかからなかった。棒心とは人足部屋住みの現場監督で、今でいうスカウトの役も果たしていた。港で有望そうな男に声をかけて部屋人足に加え、リーダー教育も行なう。おそらく春吉もそのような男として見込まれたのだろう。

誠実な仕事ぶりから、労働者たちからは「親方」あるいは「兄貴」などと慕《した》われ、組の幹部からも一目置かれる存在であったようだ。

こうした中で、春吉は大島秀吉から舎弟《しやてい》盃を受けて大島組の傘下に入る。1913（大正2）年頃のこととされる。春吉が妻子とともに神戸に来てから6年が経《た》っていた。

市会議員に当選し、表社会においても裏社会においても「神戸最大の顔役」となった大島の盃を受けた春吉は、「親分選び」に成功したといえる。ヤクザは、出会う親分で一生が決まるといっていい。理不尽なことばかりする親分についてしまえば、死ぬまで理不尽な思いをするし、逆もまた然《しか》りである。

そして、大島の傘下には大島組三代目となる初代西海《にしうみ》組・西海一《はじめ》や、本多《ほんだ》会初代・本多仁介ら大物ヤクザも多かった。西海や本多とは、沖仲仕と手配師という稼業《かぎょう》の面での競い合いはあったが、春吉は禍根《かこん》を残すようなことはしていない。対立するようになるのは、春吉の長男・登が二代目を継承してからのことである。無口で地味な春吉は斬った張ったの世界は好まず、沖仲仕と手配師の仕事に専念した。

こうして沖仲仕としての山口組は、沖仲仕の間でも知られた存在になっていく。

もっとも大島秀吉の盃を受けている以上、山口組は博徒集団としての側面も有していたのだが、春吉は博奕には興味がなかったようだ。早い段階で引退し、長男の登に稼業を譲ろうと考えていたようである。

ちなみに博徒系の組織で実子が跡目《あとめ》を継ぐ例はゼロではないが、多くもない。最初から組を実子に継がせようと考えていた春吉は、やはり自身を純然たる博徒とは考えていなかったのだろう。

これに対して、的屋《てきや》系（縁日などで露店や興業を営《いとな》む組織。テキヤ）は実子が継承することが多い。子どもの頃から親の商売を手伝い、商売のノウハウを体得しているからだといわれる。いずれにしろヤクザ組織では、周囲から親分としての器量が認められれば、出自は問わないというのが現実的なところであろう。

春吉は、この大島の盃を受けてから2年後の1915（大正4）年頃、冒頭に書いたように神戸港近くの兵庫区西出町に「山口組」を興《おこ》したのである。

なお、文献やインターネットなどでは「大島組」を「大嶋組」とする表記があるが、これは1972（昭和47）年に五代目を継承した前川宝好が、初代の大島秀吉や大島組に迷惑がかからないように、「大嶋組」と改称したからだといわれる。

大島秀吉は1948（昭和23）年に死去するが、全国的に知られた侠客となっていた。二代目は実子の秀和《ひでかず》が継承し、十数年の間に三代目西海一、四代目大森良治と代替わりが相次いだ。

五代目を継承して「大嶋組」とした前川は山口組との抗争を続けたが、前川は1989（平成元）年に死去、六代目を吉田正治が襲名する。この間には山口組入りの話もあり、実際に組員たちの中には山口組へ移籍する者も多かった。そして翌年の1990（平成2）年に、兵庫県警に解散届を提出している。

二代目山口組の誕生

山口登が二代目山口組を継承したのは、1925（大正14）年、弱冠23歳のときのこと

1932年11月25日、尼崎汽船の労働争議で労使の覚書調印に立ち会う山口登（写真中央）。登の調停で争議は解決した　© 共同通信／日本電報通信社

である。

戦後に行なわれたような大規模な継承式ではなかったが、春吉初代の子分から登の子分に直った（新たに盃を交わすこと）者は34人といわれる。初代の頃から「30数人の船出」と称されるが、実際にはその34人の者たちにも子分がおり、すでに100人程度の組織であったといわれる。

登はのちに「切戸《きれと》の親分」と呼ばれるようになる。事務所と自宅を置いた神戸市兵庫区切戸町がその由来であるが、ここは大島秀吉のシマである。登は、初代春吉が西出町に作った事務所を1930（昭和5）年に切戸町に移したのだ。これが大島への挑戦であることは間違いなかった。

ともあれ1925年の継承式には、大島秀吉と大島組幹部、舎弟のほか兵庫県県議会議員、神戸市市議会議員などが出席、仲人《なこうど》（媒酌人）も大島組幹部・浦安五助《うらやすごすけ》が務めるなど大島との関係も悪くはなかった。

田岡一雄《たおかかずお》も『山口組三代目　田岡一雄自伝』（徳間書店）で、登のことを「大島秀吉親分から一目も二目もおかれた気鋭の売出し中の若親分」と評している。

なおインターネットなどでは、のちに登は大島の怒りを買って破門されたとあるが、前出の正延哲士によれば、それは事実ではない。登は父の親分でもあった大島を超えようとはしていたが、大島は登の実力を認め、大事に至ることを避けたとある。

この登が跡目を継いだとき、父の初代春吉は44歳。まだまだ男盛りであり、ヤクザとしての組織運営は登に任《まか》せ、事業に専念することにしたようだった。

また、春吉は、登に跡目を譲る前から沖仲仕以外の労働者派遣や芝居小屋などの用心棒の事業を拡大しており、そこから興行の世界にも進出していた。

たとえば川崎造船所や三菱造船所などから請け負う「カンカン」と呼ばれる船の錆《さび》落とし作業や、今のハーバーランドに近い古湊《こみなとどおり》通の魚市場の荷役作業などに労働者を派遣する事業も手がけている。「カンカン」という俗称は、作業の音によるものとされる。当時はこうした事業も需要があった。

また、芝居小屋や居酒屋の用心棒、俗にいう「ぐずりおさえ」は、コワモテにはぴったりの仕事であった。そこから相撲や浪花節《なにわぶし》の興行を手がけるようになったのであろう。

一方で、二代目となった登は、父と違って、なかなかのトッパモンであった。モダンで不良も多い大都会・神戸で育ったということもあったのだろう。ハデ好きで喧嘩《けんか》っ早く、ヤクザの親分にふさわしいキャラクターであった。

登は、すでに12歳か13歳の頃には、当時の神戸の中心地であった新開地界隈《かいわい》で暴れていたバラケツ（神戸の言葉で「ほどける」の意。不良学生を指す）団の一つである「敷島団《しきしま》」の幹部をたたきのめすなど、勇名をはせていた。ちなみに田岡一雄が若い頃にバラケツ団にいたという説があったようだが、田岡はこれについて自著（『山口組三代目　田岡一雄自伝』）で、「自分はバラケツではなくクスボリであった」と反論している。クスボリとは、田岡によれば「くすぶり」の転訛《てんか》で、「うだつのあがらぬ博徒」の意である。

そして、今も残る登の写真は口髭《くちひげ》を蓄《たくわ》え、恰幅《かっぷく》もよく、堂々たる貫禄である。というか肥満体の部類であったようだ。

ヤクザらしいヤクザといえるが、それゆえにトラブルも多かった。

会社経営とヤクザの事業と

1930（昭和5）年に埋立地である兵庫区浜新町《はましんまち》に神戸市中央卸売市場の開設が決まると、先にふれたとおり登は住居と組本部を市場近くの切戸町に移した。運搬作業の利権を狙ったのだ。田岡一雄が登と出会って三ン下《さんした》修行を始めるのもこの年であるが、それについては第二章に譲る。

その2年後の1932（昭和7）年12月に卸売市場が開場すると同時に、春吉が社長となって「山口組合資会社」を設立、鮮魚と鶏卵の運搬作業を独占した。仲買人《なかがいにん》が仕入れた品物を小売店まで運ぶ「横持ち」という仕事である。

そして、登は中央卸売市場に賭場を開いた。春吉が経営する合資会社と、任侠・博徒の組織としての山口組とを別々に機能させる方式は、近代ヤクザのあり方であり、のちのちまで続くことになる。

すなわち山口組は、「労働力供給業」（口入れ稼業）と「芸能興行」という二つの事業で組の財政を支えていく。このビジネスモデルが、下部組織を含めても100人ほどだった組織を「4万人軍団」にまで成長させ、全国制覇を成し遂げる巨大組織にしたのである。

初代が取り組んだ「興行」を発展させる

山口組を登二代目に任せた春吉初代は、浪曲興行にも本格的に進出した。

浪曲とは浪花節ともいい、江戸末期に始まり明治に発展した大衆演芸である。三味線の伴奏に合わせ、「節」（唄）と「啖呵《たんか》」（語り）を独演する。三味線伴奏者を曲師、声を張り上げて節と啖呵を演じる者を浪曲師という。落語、講談とともに庶民に愛好された。

20世紀初頭は、桃中軒雲右衛門《とうちゅうけんくもえもん》（1873-1916）という浪曲師の登場をきっかけに、浪曲が全国的に大流行していた。明治30年代後半のことである。

雲右衛門の芸名の由来が諸説あるなど謎めいているが、弟子も多く、孫弟子にはのちに演歌歌手として活躍、死後に勲四等瑞宝章《ずいほうしょう》を授与される村田英雄《むらたひでお》（1929-2002）もいる。

山口春吉も浪曲が好きで、特に三代目鼈甲齋虎丸《べっこうさいとらまる》（1885-1938）のファンだったという。関西出身の春吉が東京出身の虎丸を好きだったとは面白いが、虎丸は江戸時代の侠客をモデルにした『安中草三《あんなかそうざ》』などの「侠客もの」が得意であった。あっさりした語りは春吉好みであったのだろう。

この虎丸の語り口は、二代目広沢虎造《ひろさわとらぞう》（1899-1964）にも影響を与えたといわれる。虎造は、「ばかは死ななきゃなおらない」で知られる『清水次郎長伝《しみずのじろちょうでん》』などで一世を風靡《ふうび》し、ラジオやレコード、映画で人気を博した。

また、春吉は当時人気のあった力士・玉錦三右衛門《たまにしきさんえもん》（第三十二代横綱）のファンでもあった。玉錦は喧嘩っ早いが稽古《けいこ》熱心でも知られ、のちに登が後援会長も務めている。

これは想像でしかないのだが、春吉は自分が好きな虎丸や玉錦をみんなに見せたくて興行に取り組んだのではないだろうか。

娯楽の少ない時代であり、ビジネスとしてうまみも多少はあったのだろうが、それに加えて、「労働者の元締めである組が労働者に娯楽を提供する」という福利厚生的な意味もあったと思うのだ。

最初は労働者たちのためだった開催が、人気を呼んで規模が大きくなっていくことになる。ある時期になると、神戸市会議員で神戸の新開地で劇場を経営していた福森庄太郎《ふくもりしょうたろう》に接近して、浪花節の関係者も紹介してもらっている。こうして事業としての興行も拡大していったのだろう。

登二代目は、こうした春吉初代の事業を引き継いで拡充させていく。

よく知られるのは、田岡三代目を含めた吉本《よしもと》興業との「関係」である。

吉本吉兵衛《きちべえ》（通称・泰三《たいぞう》）・せい（旧姓・林《はやし》）の夫婦が大阪市北区で寄席を始めたのは、1912（明治45）年4月のことであった。「笑いの王国」吉本興業の誕生である。夫婦は次々と寄席を買収し、関西のみならず全国に勢力を伸ばしていく。

1916（大正5）年には拠点を大阪市南区（現在の大阪市中央区）に移転し、「吉本興行部」を正式に名乗る。またこの頃に、のちの吉本興業会長となるせいの実弟・林正之助《しょうのすけ》（1899－1991）も入社している。「希代《きたい》の興行師」として評価され、田岡三代目との関係が深かったことでも知られた正之助は、当時まだ19歳であった。

寄席の経営は順調だったが、創業者の吉兵衛が1924（大正13）年に37歳の若さで死去する。そこで、せいと正之助、せいのもう一人の実弟・弘高《ひろたか》が経営に本格的に乗り出し、大正時代のうちに大阪のほか京都、神戸、名古屋、横浜、東京などにも進出している。

そして、吉本せいは商売を拡大させる過程で、地元の顔役とも信頼関係を築いていった。ワガママな芸人たちを束《たば》ね、競合他社と渡り合うには、顔役の存在は不可欠であった。

だが、興行をめぐるトラブルの解決を登二代目に相談したことが原因で、二代目は襲撃され、瀕死《ひんし》の重傷を負う。

二代目、刺される

1940（昭和15）年8月、東京・浅草《あさくさ》の浪速屋《なにわや》興行事務所で山口・下関の保良浅之助《ほらあさのすけ》率いる籠寅《かごとら》組と話し合いを持っていた山口登二代目は、籠寅の刺客《しかく》に襲われる。

吉本興業と契約していた広沢虎造が、吉本に何の断わりもなく日活《にっかつ》映画への出演を決めていた。籠寅に頼まれてのことであった。そこで、吉本せいから相談を受けた二代目が折衝《せっしょう》へ出向いたのである。

浪速屋の事務所に刺客たちがやってきた。

「山口、命をもらう」

「何を。おどれら、そんなもんでわいが斬れるんか」

登二代目は果敢に応戦したが、多勢に無勢、18カ所を刺されて浅草の病院に入院した。腹巻に入れていた札束が、日本刀の刃《やいば》をかろうじて食い止めたという。なお同席していた子分は即死している。

山口登の身内には「籠寅との話はついていた」と伝えられているので、話の途中でもめたわけでないようだと正延は書く。もとより殺害は計画されていたのか。

ただし、籠寅こと保良浅之助の評伝『侠花録《きょうかろく》』（長田午狂《おさだごきょう》著／桃園書房）には「争いの最初は、山口組の若い者が、『篭寅の子分は、日本人よりも朝鮮人のほうが多いじゃないか』と、篭寅組を嘲《わら》ったのが、キッカケで、『この野郎、何を吐《ぬ》かすッ』と、喧嘩に火が点《つ》いた」とある。

煽《あお》ったのは山口組のほうだというのだ。

もっともこのトラブルは、酒に酔った広沢虎造の思い上がりが原因であった。当時の虎造人気は相当なもので、「勘違いするな」というほうが無理であろう。だが、こうした思い上がりの報《むく》いか、虎造の晩年は寂しいものだったといわれる。

刺傷されて2年後の1942（昭和17）年10月に、登二代目は41歳で亡くなる。このとき、田岡は獄中にあった。

なお関連書籍やインターネット上では、この事件での傷が死亡の原因とされているが、親族に直接取材した正延哲士によると、そうではなく脳溢血《のういっけつ》だったという。親族は、死因がケンカの傷というのは腹立たしく、遺憾《いかん》なことなのだ。

事件のときには、登は全身ズタズタだったが、1年ほどで回復して忙しく飛び回っていたという。私は、これも「正延説」を取りたい。もともと血圧が高かったのに多忙を極めたことで、数えの42歳すなわち男の厄年《やくどし》に亡くなったのだ。

山口組と吉本興業

「昔は（山口組も）興行でかかわったが、今はもう、われわれが芸能界から恩恵を受けることは一つもない。何かあったら芸能人を呼んだりするやくざもいたが、もうほとんどいない。たまに昔から知っている芸能人とお茶を飲んだりすることはあっても、利益供与なんか一銭もない。むしろ、われわれは利用されている。芸能事務所などが仕事をとるために、どこそこの組と関係があるとうたっている。祝儀《しゅうぎ》をあてにしてわれわれのところを訪ねてくる芸能人もいる。一般の人は利益を得ていると誤解している」

2011年10月、六代目山口組・司忍《つかさしのぶ》組長は、産経新聞の取材に対して、こう語った（産経新聞電子版　2011年10月1日付）。私もそのとおりだと思う。

このインタビューはいろいろ興味深かったので、第五章で詳しく見たいが、かつてのヤクザは興行のリスクを管理できる存在でもあった。

吉本興業も社史で「ヤクザ」に助けられて成長したことを認めている。

……せいの実弟だった正之助は芸人のマネジメントでも辣腕《らつわん》を振るったが、ライバルの興行会社から人気芸人を引き抜くことも多く、トラブルが絶えなかった。社史に「若ぼん」として描かれた正之助の人物像はこうだ。

《興行の世界にはヤクザが絡《から》む。吉本の若ぼんには、ヤクザたちも迂闊《うかつ》に手を出せない強さがあった。それがもし欠けていれば、ヤクザ者だけではなく、ほかの興行主たちに好きなように荒らされ、吉本の今日の隆盛はなかったのではないか》

（産経新聞「吉本興業研究」2011年12月7日付）

レコード会社乗っ取り事件で捜索を受ける吉本興業本社（1968年1月11日 ©毎日新聞社）

19歳で姉の会社・吉本興業に入った正之助は、大正から昭和への改元、そして戦争の時代と戦後を吉本とともに歩んだ。1948

（昭和23）年、社長に就任。会長を務めていたせいが2年後に亡くなると、正之助が社長と会長を兼務するようになる。

そうした中で、右の記事にあるとおり、正之助は田岡三代目との関係を隠さず、恐喝《きょうかつ》で逮捕されるなど独特の存在感があった。

「わしが親分に電話したら、山口組の兵隊を300人は呼べるんや。血の雨降らしたるぞ」

1968（昭和43）年1月、正之助は経営不振に陥《おちい》った兵庫県西宮《にしのみや》市のレコード会社の乗っ取りを画策、こういったとされ、「山口組の威《い》を借り、レコード会社社長らを脅した」として、恐喝容疑で兵庫県警に逮捕されたのである。このときに田岡三代目も起訴されるとみられたが、その3年前の1965（昭和40）年に倒れて病床にあったことで免《まぬが》れている。

記事はさらに、「裏社会との間に有形無形のコネクションをつくり、この関係をうまくコントロールできるかが興行師としての腕のみせどころだった時代。現在の尺度からみれば逸脱した関係だが、芸人という『異能者』たちを束ねる彼らにとって、ヤクザとの付き合いは必要不可欠だった」と続け、兵庫県警の内部資料『広域暴力団山口組壊滅史』（1

968年10月）にもふれる。

県警は正之助を「山口組準構成員」と位置づけてマークし、「林のこれらの所業が明らかになるにつれ、『笑いの王国』として有名な吉本興業の暗い一面にりつ然としたのである」と記事は結んでいる。

ヤクザとつながることを「暗い」と評したところで、司六代目のいうようにみずからヤクザに取り入って小遣いをもらう芸能人は少なくないし、紛争解決を頼む者もいる。ヤクザを「悪」としながら、その「悪」を利用する側のほうに、より問題があることに気づいていないわけはないだろう。

山口組の黎明期は、明治以来の殖産興業政策による日本の初期近代化と重なる。需要が高まる労働力を集約・統率する組織として春吉初代が築いた山口組を、実子の登二代目が継承した。

その頃、日本社会は「大正バブル」と呼ばれる第一次大戦後の景気浮揚と「大正デモクラシー」の機運に包まれていた。モボ・モガ（モダンボーイ・モダンガール）という流行の洋服を着た若者が街を闊歩《かっぽ》し、1925（大正14）年には普通選挙法が成立。いわば日本人がこぞって前・近代からの脱却を図っていたといえる。

こうした時流にあって、山口組は労働者供給、物流、興行という事業を土台に成長を始めたのだ。

第二章　終戦と高度成長と田岡一雄

――三代目襲名から全国制覇への道のり

近代ヤクザとしての山口組

「大正4年に神戸市を本拠として沖仲仕を集めて結成された『山口組』に起源を有する五代目山口組は、特に三代目組長の下《もと》、昭和30年代以降大幅に勢力を拡大し、その後、同組から分離独立した一和会《いちわかい》との長期にわたる対立抗争（山一抗争）を経て、現在の五代目体制となっており、その規模及び悪質性は際立っている」

『平成11年警察白書』は、山口組をこう評しているが、それは一面でしかない。

明治時代になり、日本が近代国家としての歩みを進めていても、港湾運送業などの業界は、依然として前近代的な「親方・子方」制度が支配していた。

一方で、手配師たちは大手の船会社などの元請業者に直属することで取引を独占するようになり、港界隈《かいわい》には「縄張り」が作られるようになっていた。この縄張りを荒らす者は暴力で駆逐《くちく》される。すなわち親方を中心に暴力が支配する、きわめてヤクザ的な共同体となっていった。

荒天でも深夜でも無理を聞いて元請《もとうけ》の「顔を立てる」親分と、それに従う子分たち……。まさに恩義や「顔」を重視する世界である。

このように底辺の労働者たちをまとめあげ、その日に必要な人数の人足を即座にそろえるというのはヤクザの真骨頂《しんこっちょう》である。底辺社会や裏社会に顔がきき、荒くれ者を労働者として統率できる頭脳と腕っぷしの強さに恵まれたヤクザこそが「近代のヤクザ」であった。

つまり近代のヤクザは、博徒や的屋の世界ではなく、労働組織の中から誕生したのである。

そのパイオニアが山口春吉初代であった。

山口組は、荒くれ者ばかりの港湾労働者たちを統制し、日本の経済的な繁栄にも貢献するという近代的なヤクザとして成長したのである。

本来のヤクザとは博徒系組織と的屋系組織、そして渡世人と稼業人に大別されるが、黎明期の山口組はそうした伝統的な分類からは少し外れていたといえるだろう。

博奕を軸に集まり、正業をもたない者は「渡世人」と呼ばれ、土木建設や運輸などの稼業を営《いとな》んでいるのが「稼業人」である。江戸時代から続く博徒や的屋の組織もめずらしくなく、設立103年を迎えた山口組もそれほど歴史があるとはいえない。

彼らは暴力的ではあるが、「任侠」としての矜持《きょうじ》があり、刑事ドラマに出てくるような無法者としての「暴力団員」とは明らかに異なっていた。ケンカはしょっちゅうだが、それをいさめる親分衆もちゃんといる。無法者が町の善良なカタギ衆に一方的に迷惑をかけ続けるようなことは、むしろ少なかったと思う。

また、流れ者どうしではあるが、お互いに過酷な現場で働く仲間としての結束は強く、助け合っていた面もある。もっとも一人だけの抜け駆け功名も許されなかったのだが。

また、三代目を襲名した田岡一雄は、戦後の日本で暴れまくる「戦勝国民」たちに対する自警団的な組織としても山口組を機能させた。山口組は近代ヤクザの組織として、時代に沿った新しい役割も果たしていたのである。

「父なし子」として

1913（大正2）年3月、のちに三代目山口組を襲名する田岡一雄は、徳島県の三好《みよし》郡三庄村《さんしょうそん》（現在の東みよし町）で生まれた。生まれたときに父はすでになく、兄や姉たちは奉公に出されていた。

三庄村尋常《じんじょう》小学校1年生のときに、母が過労で倒れてそのまま亡くなったことで、神戸の叔父夫婦に引き取られる。

叔父夫婦からはことごとく辛《つら》く当たられたというが、この時の体験がのちの大親分を育てたともいえる。

「一人でも雄々《おお》しく生きていけるように」

母の願いのとおり、少年は雄々しく成長する。小柄ながら始めた新聞配達で体は鋼《はがね》のように鍛えられ、風雨に負けない根性も培《つちか》われた。また、自分と同様の家庭に恵まれなかった者たちを思いやる心は生涯変わらなかったのである。

兵庫尋常高等小学校高等科を卒業後、就職先で上司をどついて辞《や》めた田岡青年は、道でばったり山口秀雄《ひでお》に会う。

山口組三代目・田岡一雄

©共同通信

秀雄は高等小学校で同級だった、春吉初代の三男で登二代目の弟である。

正延哲史によると、春吉初代には10人の子どもがいたが、トッパモンだったのは長男の登二代目だけであったという。他は春吉に似て、穏やかでヤクザには向いていなかったと親族が証言している。また、次女きぬえは登二代目の舎弟・古川松太郎《ふるかわまつたろう》の妻になっている。この古川は田岡の「最初の親分」となる。

父の事業を受け継いだ秀雄は羽振りがよかったので、気前よく田岡青年を実家に案内する。沖仲仕たちのゴンゾウ部屋であり、快適とはいえないが、食べるものと寝るところには困らなかった。冷遇されていた親戚の家を出て、田岡はヤクザへの一歩を踏み出したのである。

自伝によれば、このゴンゾウ部屋でクスボリとして夜警の仕事などをしていたときにバクチも覚えている。

1930（昭和5）年には、山口組が用心棒を務めていた芝居小屋・湊座《みなと》で小屋主の態度に腹を立て、上演中の舞台の花道に土足で乱入する騒動を起こし、このときに初めて山口登二代目と対面している。

「クマというのは、お前か」

そう声をかけられ、古川松太郎に預けられて三ン下《さ　した》修行を積むことになる。三ン下とは「貸元・代貸・出方」の下、すなわち「渡世の最下層」という意味である。

用心棒をしていた小屋をめちゃめちゃにしたのだから、ヤキを入れられるどころか殺される覚悟もしていたであろうに、まさかの「温情判決」であった。ケンカの強い猛者《もさ》として「クマ」の噂を聞いていたからであろう。

この日から田岡のヤクザとしての修行が始まったのだが、部屋住みの雑巾《ぞうきん》がけなどの雑用は、新聞配達で鍛えられた体にはまったく苦にはならず、むしろ毎日が楽しく勉強になったと自伝で明かしている。

戦中は塀の中で

その頃の田岡は湊座事件だけではなく、いろいろな事件を起こして懲役刑も受けており、そのせいで戦争にも行かずに済んでいる。

1932（昭和7）年には、登二代目が後援会長を務めていた大関・玉錦を侮辱したとして、幕内力士の宝川《たからがわ》を襲撃する事件を起こし、1934（昭和9）年には、海員組合の組合長に斬りつけて傷害罪で懲役1年の実刑判決を受け、神戸刑務所に服役している。この事件は、登二代目の舎弟・西田幸一《にしだこういち》が海員組合の労働争議に介入した際に組合員たちに殺害された報復であった。海員たちもヤクザを殺すなど相当荒っぽかったのである。

出所後の1936（昭和11）年1月に登二代目から盃を受けて山口組組員となったが、翌1937（昭和12）年2月には殺人事件を起こして、ふたたび服役する。クスボリ仲間だった大長八郎《おおながはちろう》を日本刀で刺殺したのである。

そもそもは八郎の兄・政吉《まさきち》が、二代目山口組の舎弟に暴力をふるったことが発端であった。田岡が政吉を追いかけて鉄瓶《てつびん》で殴打して頭を割り、その報復にやってきた八郎を返り討ちにしたのだ。

この件で田岡は懲役8年の刑を受けて高知刑務所に服役、皇紀《こうき》2600年の恩赦《おんしゃ》で1943（昭和18）年7月に出所した。服役中には崇拝していた大物右翼の頭山満《とうやまみつる》や、頭山が創設した玄洋社《げんようしゃ》に関する書籍などを熱心に読み、出所後に誕生した長男を「満」と名付けている。

昭和18年といえば、4月に山本五十六《やまもといそろく》連合艦隊司令長官が戦死し、5月にはアッツ島の日本軍が全滅。前年のミッドウェー海戦に敗れてからというもの、戦局は暗転して戦死者がどんどん増えていた。この兵力不足を補《おぎな》うため、国を挙げて成人男子が応召《おうしょう》していた時期である。兵役法が改正され、それまで徴兵を猶予《ゆうよ》されていた大学生らが戦地に赴《おもむ》くようになった学徒出陣も、この年からだ。

田岡も兵役法の規定に従い、1932（昭和7）年に徴兵検査を受けている。出所した当時30歳の田岡に、いつ召集令状が来てもおかしくないはずであった。ところが前述したとおり戦争には行っていない。それは犯罪者として公民権が停止され、兵役免除となっていたからである。

なお、田岡が出所する前年の1942（昭和17）年に登二代目は死亡しており、山口組は舎弟頭・森川盛之助が舎弟・港芳治らとともに集団指導体制を敷《し》いていた。

闇市と不良外国人

日本一長い闇市。終戦直後、三ノ宮駅から神戸駅まで2キロほども続く高架沿いの道はそう呼ばれ、食料品や日用品を売る露店がひしめいていた。米や野菜、軍の隠匿《いんとく》物資である缶詰や菓子、洋服、靴、薬など生活に必要なものはたいていそろった。

この闇市を支配していたのは、「戦勝国民」である。

日本の敗戦によって「解放民族」と規定された中国人や朝鮮人たちが、これまでの日本支配への仕返しとばかりに「戦勝国民」を自称し、暴行や略奪を繰り返したのである。GHQ（連合国軍最高司令官総司令部）から拳銃を取り上げられていた日本の警察はなすべもなかった。

これは神戸だけの問題ではなく、各地で同様の問題が起こっていた。立ち上がったのは地元の不良たちである。

東京では万年東一《まんねんとういち》をはじめとする愚連隊《ぐれんたい》、そして神戸では三代目山口組を襲名する田岡一雄らを中心に、不良外国人の制圧が始まるのである。

1943年に出所した田岡は、2年後に終戦を迎え、山口組傘下としてみずから田岡組を立ち上げ、不良外国人を叩きのめす日々を送ることになる。こうした活躍も評価されたせいか、後に「三代目」を望む声が高まったようだ。

「神戸の治安維持、市民の安全のため、みんな一丸となって彼らの暴力を排除せねばならなかったのだ」

『山口組三代目　田岡一雄自伝』には、こうある。

組員は職業を持て——三代目山口組の誕生

田岡が周囲からの要望を受け、早世《そうせい》した登二代目の跡目を継いで三代目山口組を襲名するのは、終戦から間もない1946（昭和21）年6月である。出所から3年が経っていた。

襲名式は神戸新開地のハナヤ食堂で行なわれたとされ、出席者は30名ほど。戦争で亡くなった組員も多く、襲名式はつつましいものだったようだ。出席者もそれぞれ子分を抱えており、それを含めれば100人ほどの中堅組織といえたが、それでものちの「4万人軍団」とは比べ物にならない規模である。

襲名にあたって田岡三代目は、「三つの目標」を実行しようと肚《はら》にきめていた、と自伝に書いている。

一、組員の各自に職業を持たせること
二、信賞必罰《しんしょうひつばつ》を団結の基本にすること
三、みずから昭和の幡随院長兵衛《ばんずいいんちょうべえ》になること

信賞必罰とは、「腰抜けや、弁舌の巧《たく》みさだけで世間を渡ろうとする泳ぎの達者なやつは、わたしには無用なのだ」という意味であり、江戸時代の侠客の代表である幡随院長兵衛のように生きろという意味である。すなわち「ちゃんとした職業をもち、義に強く、情けに弱く、つねに庶民の側にたって権力と戦う」ことなのだという。

だが、最も重要で、当時のヤクザにおいて異質ともいえるのは、一つめの「組員の各自に職業を持たせること」である。

「極道《ごくどう》がバクチだけで生活をたてていく考えはもう古い」

自伝にはこうある。

「日本が新しく生まれ変わったと同時に、極道も生き方を変えていくべきではないのか。それには各自が正業をもつことである。魚屋でもいい、喫茶店でもいい、駄菓子屋だっていいではないか。……わたしはバクチには背を向けてきた。みんなにも、まず正業をあたえてやることこそ、わたしの第一の使命である」

これは、田岡一雄の本心だったと思う。

そして、山口組は、三代目の代になってから博奕や用心棒といったかつてのヤクザの虚業のなりわいから、新しい現代的な実業の世界への進出を始めていったのである。

まず、新たに興《おこ》ってきたパチンコや競馬・競輪・競艇などのギャンブル業界に手を伸ばしていく。これは、どこの組でも同じであった。

1948（昭和23）年7月に競馬法が施行され、兵庫では姫路《ひめじ》競馬、阪神競馬が開会される。またこの年の9月には自転車競技法が施行され、神戸、甲子園《こうしえん》、明石《あかし》の三競輪場が開設された。こうした公営ギャンブルの収益が、戦後復興事業の財源に充《あ》てられたことはいうまでもないだろう。

山口組は、大島組、本多会など他の神戸のヤクザとともに、これらの競馬・競輪場に警備員を派遣することになる。1947（昭和22）年の警察統計では、兵庫県全体でヤクザは75団体・2000人に達していた。その大半が阪神間にひしめいていたのである。

公営ギャンブルを主催する地方公共団体の公務員ではギャンブルに関わるトラブルはさばけず、ヤクザに頼らざるを得ない。新たな用心棒稼業である。

ヤクザたちは、客の輸送や売店の運営、予想屋などの利権を得て、それぞれ縄張りを確立していく。

のちにはノミ行為（私設馬券・車券などの売買行為）にも関わるようになり、これらはヤクザの新たな重要な資金源となっていった。

当然ながらこの利権をめぐって抗争事件も多発する。

1949（昭和24）年10月には、神戸競輪場の縄張り争いで山口組は地元の西海組とトラブルを起こし、大抗争へと発展する。自伝で田岡三代目は、こう振り返っている。

「何をして食うていくのか、食わせていくのか、寝ても覚めてもそのことばかり考えていた」

ビジネスの拡充

そして、初代春吉からの蓄積のあった港湾荷役業界と芸能興行界でのビジネスを新たに拡充していくことになる。

大きく変容した業界で、どのように新たな地歩を築いていくか、それが新リーダーである田岡三代目の腕の見せどころだった。三代目はそこで非凡な手腕を発揮し、山口組を日本最大のヤクザに成長させる。

港湾荷役を甲陽《こうよう》運輸、興行を神戸芸能社という両輪が山口組を支えていくのだ。甲陽運輸は1953（昭和28）年1月、神戸芸能社は1957（昭和32）年4月の設立である。田岡三代目は両社の社長に就任している。朝鮮戦争（1950-1953）の特需で景気が好転し、1956（昭和31）年度の『経済白書』が、序文に「もはや戦後ではない」と謳《うた》った時代である。消費が伸び、人々は娯楽を求めて街頭テレビに群がった。

神戸芸能社は歌手の美空《みそら》ひばりと田端義夫《たばたよしお》、プロレスの力道山《りきどうざん》を看板スターに抱え、興行の世界で成功を収めてゆく。

特に美空ひばりは田岡三代目を「おじさん」、三代目が美空を「お嬢」と呼ぶ関係となっていた。美空と小林旭《こばやしあきら》の結婚・離婚の後見役を務めたのも三代目である。ちなみに、

美空ひばりの離婚記者会見に後見役として同席（昭和39年6月）

この田岡三代目すなわち山口組との深い関係から、のちに美空はバッシングを受け、NHKの紅白歌合戦を辞退する。実弟が山口組系益田《ますだ》組の舎弟頭で、たびたび事件を起こしては逮捕されていたという事情もある。

また、1953（昭和28）年1月には、のちに三代目山口組若頭となる初代山健《やまけん》組・山本健一《やまもとけんいち》組長らが、人気歌手で俳優の鶴田浩二《つるたこうじ》を襲うという事件が起こる。

田岡三代目が鶴田のマネージャーに、美空ひばりとの公演をオファーした際のマネージャーの冷淡な対応が原因とされ、他の俳優らと食事をしていた鶴田を殴り、頭と手に11針を縫《ぬ》う重傷を負わせた。この事件は、「山口組と田岡を怒らせると、大変なことになる」

という「伝説」を生むことになる。

大抗争時代へ

30名ほどが祝った三代目襲名式から20年も経たない1965（昭和40）年までに、傘下424団体、総勢9450名を数える巨大組織に成長した山口組の歴史は、まさに血で血を洗うものであった。

主なものだけでも、次の事件がある。

・小松島《こまつしま》抗争（1956年7月～1957年11月）

徳島県小松島の三代目山口組二代目小天竜《こてんりゅう》組と本多会系平井《ひらい》組・福田《ふくだ》組による抗争

・別府《べっぷ》抗争（1957年3月～4月）

大分県別府市での三代目山口組石井《いしい》組と別府の井田《いだ》組による抗争

・明友会《めいゆうかい》事件（1960年8月9日～23日）

三代目山口組と新興勢力の明友会との抗争（これについては後述する）

・夜桜《よざくら》銀次《ぎんじ》事件（1962年1月）

三代目山口組石井組の組員で通称・夜桜銀次の射殺を福岡市の宮本《みやもと》組の犯行と誤認した山口組が組員250人を福岡市に派遣した事件

・広島代理戦争（1950年頃～1972年）
広島県内で長期にわたり続いた抗争

・大阪戦争（1975年7月～1978年11月）
三代目山口組と大阪の二代目松田《まつだ》組との長期抗争

山口組はこれらの抗争を経《へ》て巨大化を続けるが、これらの抗争を支えたのは、港湾事業と芸能を中心にした豊富な資金力であった。しかし権力は、これらの資金源を断つために脱税で傘下企業を弾圧していく。

そして、大阪戦争を境に山口組は内部対立が増えていく。

特に山一抗争（1984年8月～1989年3月）では、当代である四代目山口組・竹中《たけなか》正久《まさひさ》組長が射殺されるという前代未聞の事件が起こることになる。

「全国制覇」と明友会事件

三代目山口組と田岡一雄組長の名が全国に広まるきっかけとなったのは、1960（昭和35）年の明友会事件である。

私は、田岡三代目が最初から全国制覇を目指していたという説は取らない。

山口組に関する多くの書籍は「全国制覇の野望」を煽り文句にしているようだが、田岡三代目に近い、当時を知る幹部たちは、いずれも「全国制覇など、組としても考えていなかったし、三代目も考えていなかった」と断言している。

ただ、増えていく組員たちを食わせるために、田岡三代目は事業の拡張は常に考えていた。特に興行のネットワークは広げ、傘下の芸能人を増やす意向はあったようだ。

だが、ヤクザとして全国に縄張りを拡大する意向はなかった。

ある幹部はいう。

「親分は、むしろ少数精鋭化したかったんやね。神戸の親分として、自分と直参の山口組本家を中心に大きくはしたくなかった。直参は増やさず、神戸と東京、大阪くらいには事務所を置いとこかという程度。顔も見たことない枝の（組織の）子分の面倒なんか見たくても見れへんしね」

それは事実だと思う。

山口登二代目もそうであったが、自分からケンカはしかけない。向こうから来たら応戦はするという方針であったのだろう。

とはいえ、のちの多くの抗争は、最初は近畿や山陰道、山陽道と神戸の周辺からスタートし、その後に九州、四国、北陸、北海道、関東と、それぞれのルートごとに日本のヤクザを全体的に山口組傘下に組み込んでいこうとしているかのように進出が進んだことも確かである。

この進出は、全国制覇の方針のもとに進められたのではないのか。

もともと全国制覇など意図していなかったのに、いつのまにか全国制覇をめざして疾走しているかのようなかたちになってしまった。

どこで逸脱が起こったのか。

このターニングポイントが明友会事件であったと思う。

大阪を制覇していく中で、いわばなし崩し的に全国制覇が進められていったのだろう。

もともと神戸から大阪への進出は考えていたようだ。

大阪は、神戸に近く、港湾事業においても、興行事業においても、山口組の事業と密接に関連する西日本の中心地である。また、ヤクザ界において山口組がここを制圧することは大きな意義を持っていた。だから、田岡三代目が大阪進出を考えるのは当然といってよい。

一方で、大阪は伝統的な博徒組織が強いところである。

老舗の酒梅《さかうめ》組をはじめ、諏訪《すわ》組や互久楽《ごくらく》会などの大手ヤクザ組織のほか、中小ヤクザ組織の数も多かった。

当時の組織間の「挨拶《あいさつ》状」や「案内状」は、昔は郵送はせずにそれぞれの組事務所をまわって届けたものだが、大阪では手分けをしても何日もかかるといわれたほどである。それだけ組の数、組事務所の数が多かったのである。

山口組は、これらのヤクザ組織のうち、まずミナミの盛り場をシマにしていた南道《なんどう》会の藤村唯夫《ふじむらただお》会長と手を結んだ。

藤村会長は、田岡三代目と四分《ぶ》五厘《りん》と五分五厘の盃を交わし、山口組の舎弟になった。これは五分と五分の対等な関係よりも「少し遠慮する」ほどの意味合いである。

山口組は、これを足がかりに大阪進出を図り、中川《なかがわ》組の中川猪三郎《いさぶろう》組長を舎弟とするとともに、ミナミを縄張りとする富士《ふじ》会の田中禄春《たなかろくしゅん》（韓禄春《ハンロクチュン》）、天満《てんま》の愚連隊から出発して柳川組《やながわ》を結成していた柳川次郎《じろう》（梁元錫《ヤンウオンソク》）らの在日朝鮮人と手を結び、彼らの戦闘力を取り込もうとしていた。

こうした中で、明友会事件へ至る事態が起こる。

「一人残らず生かしてはおくな！」

その頃の猪飼野《いかいの》（現在の大阪市生野《いくの》区と東成《ひがしなり》区）に発生した愚連隊から発展した在日朝鮮人組織・明友会が急速に勢力を伸ばしており、ミナミへの進出を図って南道会とたびたび衝突事件を起こしていた。

１９６０（昭和35）年6月、繁華街・ミナミの宗右衛門《そえもん》町に山口組傘下の富士会がマンモスキャバレー「キング」を開店する。これは、山口組がミナミ進出の拠点として、ここから大阪制圧を狙って建てたものだと噂されていた。

そして8月9日夜、同じくミナミ千年《ちとせ》町のサパークラブ「青い城」で事件が起こった。「キング」に立ち寄った流れで、田岡三代目が「青い城」に入ってきたのである。当時も大人気だった歌手の田端義夫や、舎弟の中川猪三郎組長らを連れていた。

そこに明友会幹部の宗福泰《ソウボクテ》がからんできたのである。田岡三代目の顔は知らず、田端に話しかけたのだ。

「バタヤン（田端のこと）、1曲歌ってくれ」

「まあまあ、今日はプライベートで来てるんやから」

こう制した中川組長に腹を立てた宗は組長を殴った。

「なんやと？　コラッ」

三代目には手を出していないが、これは三代目を殴ったも同じである。

もともと宗は、中川組長の顔は知っていたものの、田岡三代目の顔を知らなかった。つまり山口組とは思わずにからんだのであって、相手が田岡三代目と知ると、たちまちその場から逃走したという。

もちろん、知らなかったではすまされない。明友会は、山口組組長に直接喧嘩を売ってしまったのだ。

だが、田岡一雄の自著『山口組三代目　田岡一雄自伝』によると、山口組はただちに報復（カエシ）はしていない。問題の処理は中川組と富士会にまかせて、仲裁による和睦《わぼく》をめざして当面静観する構えだったという。

しかし、諏訪組・諏訪健治《けんじ》組長による仲裁は不調に終わり、中川組、富士会は明友会と戦端を開くことになっていった。

特に組長が殴られた中川組はいきりたっており、ほかの組もこの事件を勢力拡大の契機にしようと意気込んでいた。

こうして、中川組、富士会、南道会は明友会殲滅《せんめつ》に立ち上がる。

これに続いて神戸から大阪に拠点を移していた加茂田《かもだ》組、安原心腹《やすはらしんぷく》会など山口組の直参たちが山口組の旗を掲げて参戦、山口組の組織として明友会殲滅の戦闘態勢が固められていく。

作戦指令が出され、戦闘態勢が作られた。戦闘作戦は周到に計画された、徹底的なものであった。前出の『山口組三代目　田岡一雄自伝』には、次のように書かれている。


仲裁が決裂した（引用者注・八月）十一日夕方から、中川組、富士会の動きは急にあわただしい空気に包まれ、人の出入りは活発になった。

同夜七時、南区南炭屋《みなみすみや》にある「キング」の宿舎、山水苑《さんすいえん》旅館に中川組幹部・市川芳政《いちかわよしまさ》、富士会幹部桂木正夫《かつらぎまさお》が、それぞれ若手組員をつれてものものしく参集した。

また、これと同時に安原会の佐野晴義《さのはるよし》、柳川組の福田止吉《ふくだとめきち》（「留吉」と思われるが原文のまま）らの有志が配下を率いて山水苑に集まってきた。

個人的なよしみで中川組、富士会を協力にバック・アップしようという連中である。

とくに安原会の佐野は「青い城」事件発生と同時に、山口組の在阪友誼《ゆうぎ》団体のなかでも明友会打倒の急先鋒になっていた一人だった。

この夜、山水苑の二階二間つづきの大部屋で、戦闘部隊がひそかに編成された。やくざ抗争史上で名高い、明友会襲撃部隊がこれである。

構成人員は約四十人。中川組と富士会を核弾頭にして、一チーム三、四人からなる混成襲撃班が十数組編成された。

各襲撃班は、いずれも初対面どうし、あるいは名も知らない者どうしで編成されていた。

「——ええか。明友会のやつらは、一人残らず生かしてはおくな！　ズラかったやつは草の根をわけてもかならず捜しだすのだ！」

檄《げき》がとんだ。

襲撃班は鎖を解き放たれた猟犬のように、いっせい街へとびだしていった。

大阪市内を片っぱしから探索し、民家の一軒一軒の壁を引っぱがしてでも点検して、シラミつぶしに明友会を徹底粉砕するのだ。
ヤクザ映画さながらの展開には、息を呑《の》む。

大阪制圧

８月12日の夜になって、安原心腹会組員を中心とする襲撃班が西成《にしなり》区西荻《にしおぎ》町の明友会幹部のアパートに乱入、就寝中だった李猛に向かって拳銃を発射して逃走した。20日夜には加茂田組・加茂田重政《しげまさ》組長指揮のもとで拳銃、日本刀で武装し自動車３台に分乗した襲撃班が、布施《ふせ》市（現在の東大阪市）足代《あじろ》のアパートにいた明友会系三津田《みつだ》組組員を射殺している。

山口組が明友会殲滅の方針を明らかにしていたことで、この頃には傘下の組から続々と応援部隊が大阪に入っていた。正確にはわからないが、４００から５００の組が関係していたようだ。

明友会メンバーは逃亡を余儀なくされ、ミナミや西成、生野などの安アパートを転々としながら潜行生活を送っていたが、次々に狩り出されていく。

駅前、夜の街、アパートと追い詰められて容赦なく撃たれていたのである。

8月21日には、明友会幹部十数人が指を詰めて、山口組に降伏したといわれるが、それより前に明友会の中枢にいた小田《おだ》組・小田秀臣《ひでおみ》組長、金田《かねだ》組・金仁植《キムインシク》組長は山口組傘下に入っている。

こうして、山口組の襲撃開始から10日も経たないうちに明友会は壊滅した。

この一連の明友会襲撃事件に関して、大阪府警の合同捜査本部は、殺人と殺人未遂の疑いで、安原心腹会・谷口雄造《たにぐちゆうぞう》、柳川組・朴孟《パクメン》など102名を逮捕、72名を起訴したが、そのうち24名が柳川組組員で占められていた。

柳川組を率いていた柳川次郎組長は、当初は同じ境遇から出てきた在日朝鮮人の明友会メンバーを殺戮《さつりく》するのには乗り気ではなかったといわれる。

だが、結局は戦いを回避できず、同胞相撃つことになっていったのだった。しかし、その結果として、柳川組は、大阪における山口組のリーダー的存在にまで一気にのしあがっていく。

この背景には、新興勢力の明友会が好き放題をしていたこともある。

明友会メンバーの行儀の悪さに手を焼き、苦々《にがにが》しく思っていた大阪のヤクザたちは、山口組に拍手喝采したのである。

新興の不良どもを瞬《また》く間に、鮮やかに完膚《かんぷ》なきまでにたたきのめした山口組の力は、酒梅組、諏訪組、互久楽会などの大手ヤクザ組織を瞠目《どうもく》させ、山口組の大阪における存在感は揺るぎないものとなった。

そして、ここでも「山口組を怒らせると怖い」という伝説が生まれたのだ。

とはいえ、もとはサパークラブで不意に殴られた中川組・中川組長のメンツとともに大阪の山口組傘下団体の思惑が先行しており、山口組本家が最初から主導していたわけではない。

中川組や富士会、加茂田組や安原心腹会などが、みずからの組の利害から、その勢力拡大をかけて明友会殲滅に走ったというのが実態なのだ。

だが、田岡三代目は、これを追認し、さらに「山口組による大阪制圧」という目標の突破口として利用したのである。

だから、山口組全体の力を結集して、この殲滅戦を戦ったのだ。

この殲滅戦で山口組は莫大《ばくだい》なカネを使った。起訴された組員の弁護士費用と差し入れだけで数千万円は使ったと田岡自身が書いているが、裁判以外でも武器の調達などに相当のカネを使っているだろう。総費用は、1億円は超えているのではないのか。

もちろん、この件は、それだけの「投資」に見合う効果を生み出した。山口組の大阪支配を決定的にし、全国のヤクザに恐怖を与えたのである。

そして、この明友会殲滅戦の「完全勝利」と大阪ミナミの制圧が、山口組の全国制覇へのスプリングボードになったのである。

四つのルートでの全国進出

三代目発足当初の山口組の戦略目標は、あくまで東京・大阪という二つの中心地への進出であり、全国制覇ではなかったのであるが、大阪への進出が成功すると、全国制覇への機運が高まったようでもあった。

その目標の一つであった大阪進出を、在阪の山口組二次組織がみずからの利害により突進するのを山口組本家が追認し、後押しし、利用することによって成功すると、次の展開が待たれることになってしまった。

そこで山口組本家では、そうした直参たちの独自の抗争をサポートすることによって、みずからの勢力拡大を実現するという方式が繰り返されていくことになる。

こうした山口組の武闘路線における動きは、事業路線においても同じことが起こっていたと思う。

稼業人ヤクザとしてのありかたを「逸脱」して既存企業への経営介入に走り、こうした経営介入を続けることで、山口組がもともと根ざしていた下層社会の基盤から遊離していったのと深いところで結びついていたのではないか、と思われる。それは、事業、武闘のいずれの面においても、始まりつつあった経済成長によって日本社会が深部から変わっていく過程で、さらに増幅されざるを得ない性格のものであった。

そして、山口組は、明友会事件をきっかけに、まさに怒濤《どとう》のような県外進出を展開していくようになる。

この全国進出は、いずれも山口組傘下組織の独自の突進をサポートする方式での進出で、大きく分けて四つのルート、四つの組が中心になって推進された。

地道組《じみち》（地道行雄《ゆきお》組長＝山口組若衆頭）が山陰、山陽、四国、九州、中京地方へ
菅谷組《すがたに》（菅谷政雄《まさお》組長＝若頭補佐）が南紀、北陸、福島、横浜、九州へ
小西組《こにし》（小西音松《おとまつ》総長）が紀和、伊勢、中京地方、北陸、山陰へ

柳川組（柳川次郎組長）が紀和、北陸、中京地方、山陰、信越、北海道へという具合である。

これらの組が勢力拡大のために県外に進出していったことについては、単に山口組総体の「尖兵《せんぺい》」になったというだけではない。明友会と在阪組織のように、各組の独自の利害や事情からくる要因があり、そこには、それぞれそれなりの背景があったのである。

山口組に限らず、ヤクザはピラミッド型の組織形態をとっているところが多い。

山口組の場合は、一次団体である山口組本家があり、その次に本家の親分すなわち当代から盃を受けている「直参」と呼ばれる組長が率いる二次団体がある。

さらに、その二次団体の組員が率いる三次団体と続き、五次団体くらいまでを擁している。

「自分は山口組」という意識がいちばん強いのは、やはり直参ではあるが、関係者によると四次や五次団体の組員も「山口組意識」が強いのだという。

一方、二次団体の構成員の場合は、「自分は山健組」あるいは「自分は弘道会《こうどう》」など、自分が直接所属している組織のほうに帰属意識を持っていると聞いた。

今は分裂してしまったが、一時期の山健組は「山健にあらねば山口にあらず」ともいわれた名門であり、特にこうした意識は強いのだろう。なんとなく納得できる。

二次団体が有力であればあるほど、基本的には山口組総体に従属しながらも、その従属を通じて組独自の利害を貫徹していくことを強く意識するのである。

このような関係から見ても、当時の地道、菅谷、小西、柳川の四つの組は、山口組全国制覇の尖兵になったという面と同時に、それぞれの独自の利害からの県外への勢力拡大を「山口組」の看板を使って進めていったといえる。

むしろこうした面のほうが先行していたのが実態だったのだろうと考える。

武闘派vs.事業部門

平成も終わる時代となり、田岡三代目時代とはだいぶ山口組の組織も様変わりしてしまったが、当時はヤクザがヤクザらしく生きられた時代であった。

地道組を率いた地道行雄組長は、山口組最高幹部会の武闘派のナンバーワンである。大きく二つの任務分担、事業と武闘のうち、武闘の最高責任者である。彼は、もともと敗戦直後の「第三国人」との争闘の中から山口組に加わった生粋《きっすい》の武闘派極道《ごくどう》で、事業部門の最高責任者の岡精義《おかきよし》（三代目山口組舎弟）とは、肌合いからして異なり、ことごとに反目していたようだ。

地道ら武闘派幹部にとっては、任侠道などどこへやら、カタギと変わらない「社長道」をきめこんでいる連中に対して「貴様らが稼げるのも、ワシらが体を張って山口組の威力を示しているからではないか」という思いが強かったにちがいない。一方で、事業部門には「ワシらが稼いだカネで抗争をさせてやっている」という自負があったのだと思う。

こうしたことから、地道組がみずから実力で勢力拡大をして、存在意義を認めさせていこうと動いたのは当然であったろう。

この点は、ほかの組も同様で、「事業派」の舎弟たちの隆盛を見るにつけ高まっていたフラストレーションを一気に解放する機会が明友会殲滅によってめぐってきた、と捉《とら》えられ、解き放たれたように他県への進出と抗争にむかっていったのではないか。

小西組の小西音松組長は、神戸の貧民街・長田区宮川《みやがわ》町の出身で、かつての遊郭だった兵庫区福原《ふくはら》の赤線地帯で用心棒や口入れ（娼婦の人身売買）をやりながら頭角を現わし、田岡の子分になった侠《おとこ》である。

1950年代の終わりからは、小西興行を興すなどテキヤ（的屋）の分野に進出しようとしていた。テキヤにとっては横のネットワークが重要であるから、水平的に横につながりあう連合が発達するが、傘下組織を形成して統合しようとするタテのネットワーク構築の傾向も生じる。

明友会殲滅後に県外進出の機運が高まってきたとき、小西組は、山口組の看板を使って、近畿から中国、中京のテキヤの統合に乗り出したのである。

菅谷組の菅谷政雄組長は、神戸市内の被差別部落・番町《ばんちょう》地区の出身で、山口組内の組長の親睦組織・番町会の中心メンバーであった。

番町会は、山口組の中で派閥とまではいかなくても、相対的に独立した一つの勢力をなしていた。菅谷組長と菅谷組は、そうした勢力の尖端にいた。いうなれば「被差別部落から出てきたヤクザの星」である。菅谷組が山口組県外進出の先頭を切って突進していったのには、そんな背景があった。

そして、菅谷組長と菅谷組が、ヤクザ界における被差別部落の星なら、柳川次郎と柳川組は在日朝鮮人の星であった。山口組全国制覇の尖兵としてもっとも恐れられた柳川組には、在日朝鮮人という背景があったのだ。まったくの無から出発してほかの組を倒し、みずからの生存を確保していく柳川組の姿には、１９５０年代から60年代初めの在日社会そのものが持っていたハングリー精神とバイタリティが現われていたともいえる。

これらの組が中心になって展開された山口組の県外進出は、凄惨な殺し合いを各地で巻き起こしながら、怒濤のように列島を飲み込んでいった。

その様は、さまざまな劇的抗争事件を引き起こし、柳川組が「殺しの軍団」と称されるなど多くの神話・伝説を生み、今も語り継がれる。

もっとも、この四つの組以外にも多くの組織が活躍しており、山口組が総体として全国制覇の戦略を立てて、四つの組をその尖兵にしたということではない。

むしろ、この二次団体であるそれら四つの組の「膨張意欲」が推進力になっていたと考えるべきであろう。トップダウンではなく、ボトムアップの結果なのである。

もちろん、それらの組の膨張意欲を尊重し、それぞれの軋轢《あつれき》を管理しつつ、山口組総体の利益につなげていく田岡三代目の指導力なくしては、ヤクザ業界におけるこれだけの市場制覇をなしえなかったのもまた確かなのである。そこに、田岡三代目という非凡な指導者を得た山口組の強みがあった。

田岡三代目の下《もと》で、ひしめくように競い合う武闘派の群れの飢餓感にも似た膨張意欲こそが、山口組全国制覇の原動力になったのである。

資金獲得は食べていくため

「わたしの打つ手、打つ手はこわいほど当《あた》っていた」

田岡三代目は、『山口組三代目　田岡一雄自伝』でこう振り返る。

もちろんこの絶頂期も終わりを迎えることになるのだが、山口組が港湾と芸能という正業のビジネス部門で成果を挙げ、そこで得た資金で抗争を繰り返していたという構図は、まったくの見当外れということではない。

ただし、当初は田岡三代目の言葉にあるように、正業は「食うていく」ための手段であり、他団体を叩きのめす資金獲得が目的ではなかったと私は考える。

もちろん結果として抗争の資金源になった部分はあるだろう。山口組の若い衆たちが黒いスーツで懐《ふところ》に拳銃をしのばせていたときに、北海道のヤクザは手拭《てぬぐい》で頬《ほお》かむりをし、投石で威嚇《いかく》していたと北海道警の元警部・稲葉圭昭《いなばよしあき》は述懐している（『警察と暴力団　癒着の構造』双葉社／2014年）。私の実家のある京都のヤクザも、北海道のヤクザとあまり変わらない。よくいえば牧歌的であった。

だが、山口組をこのように変質させたのは、警察である。

生い立ちから晩年までを綴《つづ》った田岡三代目の自伝は、何回かバージョンを変えて徳間書店から出版されているが、『完本 山口組三代目 田岡一雄自伝』（２０１５年）に収録されている作家でジャーナリストの猪野健治《いのけんじ》による解説に、同書を「皮肉に言えば日本の警察の陰湿な体質を見事に暴露した一冊とも受け取れる」とあったのは興味深かった。

１９７４年に発売された『山口組三代目　田岡一雄自伝③仁義篇』にだけ掲載された写真がある。

田岡三代目が「一日水上署長」を務めたときのもので「昭和35年」（１９６０年）となっている。その後の改版時などにはこの写真は掲載されなくなってしまったが、三代目が警察にも頼られていたことを示す一葉である。

当時は神戸港船内荷役調整協議会などの公的機関の委員に選ばれるようになっており、三代目と山口組がヤクザの世界だけでなく港湾行政、警察、市民社会において認知され尊重される存在になっていたのである。

権力はヤクザを利用する

というか山口組に限らず、ヤクザは常に権力に必要とされてきた。

戦後だけを見ても、ＧＨＱは「民主主義に反する」としてヤクザの強制解散を進めるが、戦後の混乱に乗じて暴れまわる朝鮮人たちに立ち向かったのは、山口組などのヤクザや万年東一などの愚連隊であったことは先にもふれた。

また、1951（昭和26）年には、「反共抜刀隊《はんきょうばっとうたい》」構想が当時の法務総裁（今の法務大臣）木村篤太郎《きむらとくたろう》や右翼運動家の児玉誉士夫《こだまよしお》などから発案される。ヤクザを権力側の暴力装置として使おうとしたのである。この構想は、吉田茂《よしだしげる》首相に一蹴《いっしゅう》されて潰《つい》えたといわれるが、1950（昭和25）年に朝鮮戦争が始まり、その翌年に日本共産党が「武装革命路線」を打ち出したことで、日本の社会主義化が懸念されていたのだ。

今では考えられないが、当時はそのような空気だったのである。

この構想は実現こそしなかったが、20万人規模のヤクザが賛同したとされる。「このままでは日本が社会主義になってしまう」と本気で心配していたのだ。

その後の60年安保闘争においても構想は再浮上する。このときも構想そのものは実現しなかったが、ヤクザたちは敢然とデモ隊にぶつかっている。このデモ行進やスト破りが収まってくると、またヤクザは不要になる。

そこで、反共抜刀隊構想に賛同しなかった、つまり体制側につかなかった山口組が港湾荷役の利権と労働運動の問題で、権力のターゲットにされたのだろう。

当時の神戸港は、世界でも有数の貿易の拠点だった。阪神・淡路大震災の後は名古屋港などに取って代わられてしまうが、当時は山口組系の港湾労働者の組合は、かなり強い発言権を持っていたのである。

ヤクザが労働運動に加担するというのもめずらしいが、1970年代あたりまでの鉄鋼、炭鉱、港湾労働者などはみな非正規雇用者であり、その労働環境の悲惨さは今どきのプレカリアート（非正規雇用者など職業と収入が不安定な者を指す新語）の比ではなかった。

この状況を知った田岡三代目が神戸市に働きかけて、彼らの寮や病院を完備したのである。

だが、権力としては「暴力団」が労働者を支援するなど面白いわけがない。そもそもカネも持っているし、美空ひばりなどの大スターとも仲がよくてけしからん……ということになって、大々的な取り締まりが始まったのだ。これを警察当局は「頂上作戦」と命名した。

頂上作戦と「非解散宣言」

第一次頂上作戦は、田岡三代目が病に倒れる年の前年である1964（昭和39）年から始まり、山口組以外の組織は多くが解散の憂《う》き目に遭《あ》った。

そして翌年、田岡三代目が入院すると、警察庁は「山口組壊滅作戦」を展開する。トップが危篤《きとく》状態にあることに乗じたのだ。

まず山口組の事業部門を狙い撃ちする。1966（昭和41）年4月には、事業部門のトップである舎弟で三友企業の岡精義社長を逮捕、山口組を脱退させることに成功している。病床にあった田岡三代目は、岡社長の脱退届を即座に承認し、形式的に事業部門の組員や会社を次々に切り離していく。

そうすることで警察の追及をかわし、実態として組との関係が残れば引き続き収益はそのままである。そのほうが組織防衛も可能と判断したのだ。

第一次頂上作戦は1969（昭和44）年まで実施された。この間の山口組の逮捕者は4000人ともいわれるが、ほとんどが微

起訴後、神戸地裁に入廷する田岡一雄。この前年、狙撃されている（1979年1月 ©共同通信）

罪逮捕だった。容疑も雑なので、裁判では無罪になった組員も多い。現代社会においても同様であるが、警察は「逮捕してナンボ」の世界であって、その後は無罪でも冤罪《えんざい》もいいのである。併《あわ》せて国税庁による三代目の脱税調査も激しくなるが、結局は頂上作戦をはじめとするさまざまな試練が山口組を大きくしたのだ。

田岡三代目に関わる事例をざっと挙げておくと、

1966（昭和41）年、みずから社長を務める甲陽運輸の脱税容疑での起訴を受け、港湾業務から撤退を決める

1969（昭和44）年、恐喝と威力業務妨害で神戸地検が起訴

1976（昭和51）年、廃業状態の神戸芸能社の健康保険を使って医療給付を不正に受けたとして自宅や入院先の家宅捜索

などがある。そして、1968（昭和43）年頃から続々と出所した組員への対策として、1970（昭和45）年からは「第二次頂上作戦」が展開される。

頂上作戦の結果、日本国内のヤクザは約18万人（1963年）から10万人（1980年）

に減ったが、彼らは一般社会に戻ったのではない。犯罪者の小集団になったのである。彼らはその後、どこへ行ったか。

すぐに復活した古巣に戻り、あるいは山口組へ吸収されたのである。

頂上作戦から田岡三代目の死去の前年にあたる1980（昭和55）年までに、山口組は2府33県に559団体、1万1800人余の総勢を擁する組織に成長したのである。

ただし、これは結果論であって、病床にあった田岡三代目にとっては試練にほかならなかった。

そうした中で1966（昭和41）年に幹部の起訴や引退が相次いだことを受けて、田岡三代目がしたためた「非解散宣言」には、説得力がある。原文のまま紹介する。

子供のときのわたしがそうであったように、みんなもわたし同様、暗い、悲しい環境に生まれ育った者ばかりである。

そういう愛情に飢えた者同士が肩寄せ合い、心を温め合うことにだれに遠慮がいるものか。山口組が鉄の団結力をもつというならば、それは日常生活における愛情の分け合い以外のなにものでもない。

私のところに集まって来る者は、みんないいところを持っているくせに、親の手にも負えない拗《す》ね者が多い。放っておけば悪くなる一方だ。

それを規正し、なんとか人並みに働かそうと心配しているのが組である。極道者はわたしがまとめて面倒を見るが、それを不逞無頼《ふていぶらい》の集団として目の敵にするならば、いっそのこと組もいかん、会もいかんという法律をつくったらいいではないか。わたしは遵《じゅん》法《ぽう》精神は旺盛なつもりでいる。

わたしの目の黒いうちは、絶対に山口組を解散させない。解散させる理由はどこにもないからだ。なぜ解散せねばならぬのか、その理由を教えてほしいのだ。

当局は、山口組を目の敵として組の幹部を根こそぎ捕え、解散に追い込みさえすればすべてよしと本当に考えているのであろうか。

社会全体が組を失った若い者たちを温かく迎え、職を提供し、その仲間入りをさせてくれるだけの度量と理解を示してくれるというならば話はべつである。

数万を越える山口組の若い者たちを、だれがわたしに代わって親身に面倒を見てくれるのか。

これまで、わたしは終戦直後の闇市を横行する暴れ者や、港湾における共産党勢力と真剣に闘ってきた。警察もそれをあと押ししてくれた。

それなのに、世の中が落ち着いたから「もうやくざはいらん。やくざを潰《つぶ》せ」というのは、あまりにも身勝手ではないか。

そんなに山口組を目の敵にするならば、組はいかん、という法律でもつくったらよい。それもせず各官庁を総動員して、せっかく得た生業《なりわい》をとりあげようと計るのは卑《ひ》怯《きょう》である。

何度でもいおう。解散する理由はない。

病を得てのこの決意には同意するしかないが、その後も入退院を繰り返し、1981（昭和56）年7月23日、三代目山口組・田岡一雄組長は急性心不全により死去した。

1946（昭和21）年に33歳で三代目を襲名し、68歳で亡くなるまで「波乱」の一言では語れない波乱続きの生涯であったが、その後の山口組もまた大波乱が続くことになる。

貧しい家庭で愛情を受けずに育ち、それゆえにセーフティネットや相互扶助組織としてのヤクザの「一家」を作り上げたのだが、それゆえに骨肉の争いが続くことになる。

第三章　史上最大の抗争

――四代目射殺事件は、なぜ起きたのか

大波乱の幕開け

35年にわたって山口組の顔であり続けた田岡三代目の跡目《あとめ》を継ぐ者は誰か――三代目の死後、3年にわたって決めることができず、決定後はさらに血で血を洗う事態となる。

1981（昭和56）年7月23日、田岡三代目が瞑目《めいもく》したとき、四代目襲名が確実視されていた山健こと山本健一若頭は、獄中にあった。大阪戦争（1975－1978）の指揮により、懲役3年6カ月の刑が確定して収監されていたのである。

このため、若頭が出所するまで暫定的に集団指導体制が敷かれることになった。

新体制のメンバーは、三代目山口組若頭補佐を務めていた山本広《やまもとひろし》・山広組組長（筆頭若頭補佐）、竹中正久《たけなかまさひさ》・竹中組組長、中山勝正《なかやまかつまさ》・初代豪友会《ごうゆう》会長、中西一男《なかにしかずお》・中西組組長（のちに四代目山口組組長代行就任）、益田芳夫《ますだよしお》・益田組組長（後に「佳於」に改名）、加茂田重政・加茂田組組長、溝橋正夫《みぞはしまさお》・溝橋組組長の七名と、若頭補佐兼本部長の小田秀臣・小田秀組組長、そして亡き三代目の妻・文子《ふみこ》夫人である。

だが、山本健一若頭も肝臓を長く患《わずら》っており、三代目の訃報のストレスもあったせいか獄中で病状が悪化してしまう。

刑の執行停止を受けて大阪の病院に入院したが、三代目のあとを追うように翌年2月4日に死亡する。山口組の関係者は誰もが「四代目は山健」と考えていたので、ほかに候補者がおらず、そこから問題がこじれていく。

田岡三代目は、跡目についてどう思っていたのだろうか。

病気で入退院を繰り返していたものの、お嬢さんの田岡由伎《ゆき》さんによれば、三代目はほぼ急死だったという。本人も周囲も「まだ死なない」と思っていたのだ。

由伎さんは、私との対談『ラスト・ファミリー』（角川書店／2010年）で、三代目が山口組の混乱を予想していたことを明かしている。

「お父ちゃん、ほんなら何とかせな」

「そんなもん、ワシ死んでるし。ワシが死んだ後は、知るか……。どうしようもない」

三代目は、死ぬまで引退せず、跡目も山健に譲らないといった。引退して力をなくすのが怖いのだ。引退したとたんに若い者たちに裏切られる親分衆は少なくないので、この考えは間違ってはいない。

だが、山本健一若頭が、「ワシは日本一の親分の日本一の子分になる」といつもいっていたことはよく知られている。心から三代目を敬愛しているものと思っていたので、この話を聞いたときは「田岡三代目までそんなことを考えるのか」と、少し驚いたことを覚えている。

「そんなんお父ちゃん、健ちゃんがお父ちゃんに逆らうわけないやんか。健ちゃんがお父ちゃんの言うこときかへんて、考えられへん」

「いや、俺やったら逆らう」

由伎さんは、「山健さんがいいとか悪いとかじゃなくて、男というのはそんなもんやぞ」という「男の生身」の言葉を遺産にもらえたと、対談で述べている。

「四代目になる気はありません」

山本健一若頭の死から4カ月後の1982(昭和57)年6月5日、山本広組長代行による暫定体制がスタートした。

そして同6月14日には、内紛による抗争勃発を警戒した兵庫県警が文子夫人を「三代目姐《あね》」と認定する。文子夫人の意思ではなく、事実上の人質ともいわれたが、男の世界に女性が君臨したことへの反発もあり、夫人も体調を崩してしまう。

続く翌15日には、竹中正久組長が若頭就任を承諾している。竹中組長は若頭への就任に意欲的ではなかったというが、若手ホープとして期待されていた上に、文子夫人への配慮もあったと見られる。

だが、竹中若頭は就任後間もない8月26日に賭博に関する容疑で逮捕され、翌1983（昭和58）年6月21日まで勾留《こうりゅう》されることになる。

竹中組の直参で現在は元受刑者や元ヤクザの更生支援をしている竹垣悟《たけがきさとる》によれば、ふだんの竹中四代目は若い衆にやさしく、若手を育てることに力を注いでいたという。そして、四代目襲名は考えていないことを獄中から竹垣に伝えている。

竹垣の著書『極道ぶっちゃけ話　「三つの山口組」と私』（イースト・プレス／2017年）には、竹中若頭が四代目の指名を受けた頃の心境を綴《つづ》った手紙が紹介されている。

拝啓
便りありがとう
元気で過ごしているようで何よりです。
俺も相変わらず元気にて毎日を過ごしております。

先日、渡辺《わたなべ》（原注・当時の山健組の渡邉芳則《わたなべよしのり》若頭）が面会に来て、いろいろ話してくれました。

渡辺も山健自身（原注・肝硬変で亡くなった山本健一若頭）も死ぬとは思っていなかったので、肝心なことは何一つ話していなかったとのことです。

頭《かしら》（原注・山本若頭のこと）は俺と会って話をしたいと言っていたとのことです。

俺と頭が会って話したのは、俺が務めに行く前に神戸の紅屋《べにや》という料亭が最後になりました。


俺の考えでは四代目には山健にやってもらう積《つ》もりでした。

こんな結果になるとは夢にも思っておりません。

娑婆《しゃば》にいる人も皆《み》んな困っていると思いますが、一周忌までは今のままでいくと思います。

また週刊誌が、いろいろ想像して書くと思いますが、俺は今の所、四代目になる気はありません。

お前達が思っているような、そんなあまいものではないし、また、俺にはそんな器量はありません。

俺のような田舎者が、四代目という名前が出るだけで満足です。

お前もこういう施設に入って、ことの良し悪しがよくわかったと思うが、今度出所したら、人に笑われない人間になってくれ。

また、人に期待される人間になるように。

では今日はこのへんで。

体には十分気をつけて
悟様

四代目を襲名するつもりはないというのは、本心だったと思う。

一方で、山本組長は温厚で知られていたが、竹中組長は誰にも厳しく正論をいうので煙たがる者も少なくなかったとの話もある。

三代目の「遺言」

暫定体制の発足後、山口組内部は徐々に山本代行を推《お》す派閥と竹中若頭を推す派閥とに分かれていく。

なお当時の本部長で若頭補佐を兼務していた小田秀《おだひで》組・小田秀臣《ひでおみ》組長は、豪友会・中山勝正会長を推薦していたとされるが、中山会長は固辞して竹中若頭を支持している。中山会長に断わられたことで、小田本部長は山本広代行支持に回ったようだ。のちに中山会長は四代目体制で若頭に就任、竹中四代目とともに射殺される。

1982年8月26日の竹中組長の逮捕・収監にあたり、文子夫人は「竹中組長の勾留中には、山口組四代目を決定しない」と話したとされる一方で、山本広代行は、四代目襲名に向けて根回しを続けていた。

翌9月5日の組直系組長会で、山本代行は改めて四代目に立候補を表明したが、宅見《たくみ》勝《まさる》組長らに反対されている。この後、山本代行を支援する組長らに関する怪文書が出回るなど、不穏な動きも出始めるが、竹中擁立派と山本擁立派の工作は依然として続く。

1984（昭和59）年5月、山本擁立派の加茂田組・加茂田重政組長と山本代行に対して、入院中の文子夫人が竹中擁立を依頼するが、二人とも拒否。

だが文子夫人は翌月の6月3日に退院し、5日の山口組直系組長会で、竹中組長の四代目襲名を発表する。文子夫人が「三代目の遺言」として竹中若頭を四代目に推挙したのである。三代目の死から3年が経《た》っていた。

「夫は『四代目は山本健一、若頭は竹中正久』と申しておりました」

この文子夫人の説明で、「竹中四代目」が決定したといわれる。

だが、田岡三代目が亡くなった直後は、夫人は「三代目の遺言はない」といっていた。そうでなければ、3年間も跡目が決まらないわけがない。

「そんな遺言があったなら、なぜ最初にいわなかったのか」

内部からそんな声が上がるのは当然であろう。

また、山本会長代行にとって、跡目問題は過去の確執もあった。

そもそも1971（昭和46）年に事故死した梶原清晴《かじわらきよはる》若頭の後任選びの入れ札（投票）では、得票数では山本広若頭補佐と決まったにもかかわらず、山本健一若頭が強く反発したために就任できなかったという経緯がある。

本人のショックはもちろんだが、かえって山本広補佐への「同情論」が高まったとの評価もある。こうした経緯も、のちの一和会立ち上げが一定の支持を集めることにつながったのかもしれない。

山本代行ほか山本擁立派は6月5日の直系組長会を欠席。松本勝美《まつもとかつみ》組長が率いる松美《まつみ》会事務所で山本広組長らが在阪のマスコミ各社を呼んで記者会見を開催し、竹中四代目襲名への反対を表明した。

竹中正久四代目の横顔

直系組長会での四代目決定の直後、竹中組事務所に家宅捜索が行なわれた。兵庫県警はメディアに連絡して取材班を同行させており、このときの播州《ばんしゅう》弁で怒鳴る竹中組長の姿は、今でも動画サイトで見ることができる。

「何を偉そうに、おんどれ！」

「裁判したるぞ、コラ！」

なかなかの迫力であるが、実はこれは「演出」だったという話もある。

「わし、あんまり顔を知られてへんやろ。それで、おッ、今度は毛色の変わったやつがでてきよったぜと、（ヤクザ業界に）思わしたかったんや」

四代目の死後に発売された『一家を守るために男は何をすべきか―ドン竹中正久の20

2日』（サンデー毎日特別取材班著　ベストセラーズ／1985年）には、四代目がこう語ったとある。

襲名式は翌月の7月10日に行なわれ、作家の正延哲士が翌8月23日にインタビューしており、そのときのやりとりが同書に掲載されている。

それによると、竹中四代目は山本広代行に対しては、以前から批判的であったという。

「寡黙《かもく》で一見ヤクザとは見えない、温和な風貌の若い組長」

竹中正久四代目（複数のウェブサイトから）

それが、竹中四代目に対面した正延の第一印象であった。

「いつ頃から四代目を意識したのか」という正延の問いに、四代目はこう答える。

「そんなこと、一ぺんもあらへん」

むしろ文子夫人に頼まれて、山本広会長代行の四代目擁立に動いたことがあったと話している。インタビューから抜粋してみよう。

なおカッコ内は正延による注である。

「わし、山広（当時三代目組長代行の山本広）と話したことがあるぜえ。四代目についてや。前のオヤジ（三代目田岡一雄）が撃たれた後、大阪の喧嘩になって、ぎょうさん刑務所へいってるやろう。それから、若い者がよその組とまちがい（喧嘩）起こすわなぁ。そういう若い者の面倒をもっと見たらなあかん。

そういうことをちゃんとするようになったら、わしみんなに（山本広を四代目にするよう）たのんだる、いうたんや。若い者が喧嘩起こしたらやなあ、すうっと自分が飛んでいってや、話しつけたるとか、そうやって若い者のために体を張るいうんか、それをせなあかんいうたんや。ま、条件つけたいうかいなぁ。そういう話をしたことはあったぜえ」

「それで……」

「一年たっても変わらんかったわな。それで、姐さん（三代目田岡一雄夫人）から、山広（の四代目）に協力したって欲しいいう話があったとき、わしは協力できんいうて断った」

山本代行にも言い分はあるだろうが、竹中四代目の若い者への思いが伝わる話である。

なお竹中四代目は、正延にこうも明かしている。

「わしな、刑事とか検事にはな、オドレ勝手なことをさらしたらぶっ殺すぞ、というたるんや。堅気の人にそんなんいうたら脅迫や。一ぺんに引っぱられる。しかしな、刑事や検事はかまへん。ヤクザに脅かされて仕事ができませんとはいわれへんやろ。あいつらは、わしらを脅すのが商売や。そうと違うか」

これも竹中四代目の人柄がうかがえる話である。

四代目を取り調べた元検察官の三井環《みついたまき》から、「私の30年間の検事生活で、自白しなかったのは3人だけ。一人は山口組の竹中正久で、あとの二人は中核派です」と私も聞いたことがある。

余談だが、『検察の大罪　裏金隠しが生んだ政権との黒い癒着』（講談社／2010年）などの著書がある三井は、大阪高等検察庁公安部長まで上《のぼ》り詰めながら、みずからも獄に堕ちている。収賄罪などで起訴され、懲役1年8カ月の実刑判決を受けたのだ。優秀ではあるが酒癖が悪く、通っていたクラブのママの著書（茂山貞子《しげやまさだこ》『在日　修羅の詩―コリアン・メモワール』講談社／2006年）にまで書かれるほどなので、足をすくわれたのかもしれない。

「どの面《つら》下げて記者会見や」

竹中四代目襲名式のおよそ1カ月前、6月13日に「一和会」が結成された。

6月5日の山口組直系組長会を欠席した山本広組長らが、同日に記者会見を開いたことは前述したが、6日には山口組の「山菱」の代紋を組事務所から外している。

会の名は、田岡三代目の「田岡一雄」から「一」を取り、田岡三代目が定めた山口組綱領にある「内を固むるに和親合一を最も尊ぶ」から「和」を取ったとされ、当初は「かずわかい」と発音していたが、のちに「いちわかい」となったといわれている。

会長には山広組・山本広組長、副会長兼理事長には加茂田組・加茂田重政組長が就任、賛同者が急増した。

なお、一和会入りを決めていた弘田《ひろた》組の弘田武志《たけし》組長は子分である弘田組の司忍若頭に反対されてとりやめ、一和会発足当初は副会長だった小田秀臣もすぐに離脱するなど発足当初から足並みがそろっていなかったが、マスコミは一和会の結成すなわち山口組の分裂劇に注目した。

この記者会見には、四代目は不快感を露《あら》わにしたといわれる。

「世間さまから見れば、かげ花の極道が、どの面《つら》下げて記者会見や」

だが、竹中四代目は「去る者は追わない」とも語っており、こじれるにはそれなりのいきさつもあったようだ。

「残暑見舞い」という「絶縁状」

1984（昭和59）年8月27日、NHKが『山口組・知られざる組織の内幕』を放送した。

一和会の山本広会長、加茂田重政副会長兼理事長らが出演し、テレビカメラの前で「山口組を離れて寂しいという気持ちはある」（山本会長）、「（山口組が）来たらやります。ケンカはします」（加茂田副会長）などと記者らに答えている。

この報道には友好団体からの問い合わせも多かったようで、山口組はこれに答える形で、友好団体に「残暑見舞い」を出す。

その内容が一和会の関係者を激怒させたといわれている。

文面に「一和会」の名はないが、一和会への批判であることは間違いなかった。「斯道《しどう》の本質を失いたる不逞不遜《ふていふそん》の行為は断じて容認し難《がた》く当山口組は永久に一切の関係を断絶するものであります」とし、「侠道正義に照らして御処置賜《たまわ》らん事を」と、一和会とは交際しないよう依頼している。

「先代親分亡き跡の最も責任ある立場に在《あ》る身が、又それを補佐する身であり乍《なが》ら、我意を主張する余りに、私党を募り責務を放棄して跡目を決定する重要極まる、去る本年六月五日の定例組長会議を忌避し、其《そ》の会議に於《お》ける決定を無視するのみならず、自らの代紋を否定し、剰《あまつさ》え心なきマスコミを操り、身勝手な事柄を如何《いか》にも尤《もっと》もらしく並べ立て、恥じ知らずに、手段を選ばず、極道にあるまじき卑怯な手段……」

　当然ながら一和会側は激怒する。あくまでも建前ではあるが、ヤクザには命を預ける親分を選ぶ権利はあり、代替わりの際に盃を受けないことも容認されている。したがって、「田岡の盃は受けたが、竹中の盃は吞《の》めない」という一和会の言い分も通用するはずだった。

　だが、なぜか「四代目がメンツを潰された」という話になり、「残暑見舞い」に「不義理な不逞者」とまで書く事態となってしまったのである。こうした感情のもつれが抗争の激化や四代目射殺事件の伏線となったようだ。

　なぜこんなことになったのか、今となってはわからない。

「残暑見舞い」の文面は宅見勝組長が考案したとされ、事前に目を通した竹中四代目は、懸念は示したものの特に止めることはなかったようであった。

四代目射殺事件から山一抗争へ

加茂田副会長は、１９８４年8月下旬のＮＨＫの取材に対して、「（山口組が）来たらこっちもやります。ケンカはします。それははっきりいうときます。来たらね」と答えており、実際に火蓋を切ったのは山口組側だった。

その少し前、8月5日に和歌山県串本町《くしもと》の賭場で、山口組の松山組岸根《きしね》組組長・岸根敏《とし》春《はる》が、一和会の坂井《さかい》組若頭補佐の潮崎《しおざき》進《すすむ》を刺殺している。

この事件は個人的なカネの貸し借りが原因だったといわれているが、タイミングとしては最悪であった。

とはいえ抗争が本格化するのは、やはり翌１９８５（昭和60）年の竹中四代目射殺事件からである。それまでは同じ山口組であり、二度も当代襲名に失敗した山本広会長への同情論もまだあったようだった。

一方で四代目側は切り崩し作戦を続けた。この年の暮れには山口組側1万4０００人に対して一和会は２８００人にまで減ったといわれる。射殺事件は、そうしたことへの焦《あせ》りもあったのかもしれない。

串本での刺殺事件から1カ月後の9月3日、大分・別府《べっぷ》の医療施設に入院していた山口組系二代目石井《いしい》組石友会・徳弘喜一郎《とくひろきいちろう》会長らが一和会系宮脇《みやわき》組首竜《しゆりゆう》会の衛藤一生《えとうかずお》に銃撃されて会長とボディガードが重傷を負う事態となる。

このときはこのままで終わったが、同9月15日には尼崎《あまがさき》市の路上で山口組系古川《ふるかわ》組と、一和会系伊原《いはら》組の組員らのケンカが原因で、古川組組員の一人が木刀などで殴られて重傷を負い、12月3日には阪神電鉄尼崎駅近くで古川組組員が伊原組の幹部を銃撃、重傷を負わせている。その後は古川組総本部などへの発砲事件が相次ぎ、古川組系事務所の隣家にも被害が及んでしまう。

そして、年明けには突然、伊原組・伊原金一《きんいち》組長が引退を発表する。山本会長との関係もよく、一和会でも重責を担う立場にあったとされる。

こうした山口組側の強硬な切り崩し工作に山本会長は激怒、竹中四代目の暗殺へ一気に向かうことになったのかもしれない。

ただし、山本会長は暗殺を直接は指示しておらず、四代目も切り崩し工作は直接指示していないとの話もある。

「(四代目射殺は)任侠道を守るためにやったことであり、今は竹中四代目の冥福を祈っている。それが仁義というものだ」

四代目射殺の実行犯グループを指揮した、一和会幹部で悟道《ごどう》連合会を率いていた石川裕雄《いしかわひろお》（報道では「やすお」とも）会長は裁判でこう明かして話題になった。

悟道連合会に対しては、山口組や竹中四代目の実弟らから一切のカエシ（報復）がなかったといわれ、これは石川会長が任侠道を貫《つらぬ》いた「男前」という評価によるものといわれる。


この分裂騒動の影響は全国の刑務所にも及んでいた。

田岡三代目の死去はかなりの衝撃であったが、その後にまさか四代目就任をめぐって対立が起こるなど、誰も想像できなかった。

「マイホームを買うためにヒットマンになったのに、自分の組は一和会に行ってしまった……。これからカネはもらえるのか」

「自分のいた組そのものがなくなってしまい、差し入れが来ない。出所後はどうすればいいのか」

皆が不安になり、ムショの中で「代理戦争」が相次いで勃発した。

当時から全国の拘置所や刑務所は定員オーバーの状態が続いており、山口組系組員と一和会系組員を雑居房や工場で一緒にさせないようにするために職員は苦心した。

それでも、工場ではハサミなどの工具を使うことも多いことから、何度も「衝突」が起こっている。

襲名から202日目の凶弾

「大変です。男の人が撃ち合っています」

1985年1月26日午後9時15分、大阪・吹田《すいた》市の高級マンションのエントランスで惨劇は起こった。

ステンドグラスの入った窓があり、2階まで吹き抜けになっているホールでエレベーターを待っていた四代目山口組・竹中正久組長と中山勝正《なかやまかつまさ》若頭（豪友会会長）、ボディガードの南力《みなみつとむ》・南組組長に対して二人の男が銃を乱射したのだ。

当時の報道によると、110番通報をしたのはマンションに住む女子中学生だったが、前掲の『一家を守るために男は何をすべきか』では、女子中学生は近所の食堂に駆け込んで通報を頼んだとされている。いずれにしろ子どもには酷な光景である。また同書には、

竹中四代目射殺事件に使用された拳銃と実弾（1985年２月７日、大阪府警本部　© 時事）

ちょうど帰宅したマンション住民の主婦が最初の目撃者だったとある。

この銃撃で南は即死、中山も救急搬送された病院で死亡する。

竹中四代目は胸や腹に銃弾を受けて瀕死の重傷を負いながらも、自力で自分のベンツに戻り、運転手に命じて南組事務所へ向かわせた。このときに運転手だった南組組員は、ベンツの前に立ちはだかった銃撃犯の一人・一和会系同心《どうしん》会会長の長野修一《ながのしゅういち》をはねている。長野は重傷の体を引きずるように近くのヘルスクラブまで歩いて行き、救急車を呼ばせたという。

南組事務所から大阪市天王寺《てんのうじ》区の大阪警察病院に救急搬送された竹中四代目は、救急車に乗せられるまでは意識があった。しかし翌27日午後11時25分に死亡した。

大阪警察病院には、26日夜から事件を聞きつけた組員らが駆けつけ、騒然としていた。当時の報道は病院の様子をこう伝える。

対立する一和会系とみられるヒットマンに狙撃された竹中正久・四代目山口組長が搬送された。安否を知ろうと駆けつけた組員らの怒号が飛び交い、警戒に当たる警察官とのにらみ合いが続く中、病院の中から出てきたひげ面の男が警察のハンドマイクを借りて、集まっていた組員たちに呼びかけた。

「静かにせい。いま騒いだからというて、オヤジが助かるというもんやない」

山口組最高幹部の一人の岸本才三《きしもとさいぞう》・岸本組長だった。静かになった組員たちに向かって岸本組長が続けた。

「いま、オヤジは手術中や。輸血が必要や。O型のもん、5人だけ中へ入れてもらえ。O型のもん、手ぇ挙げてみぃ」

その言葉に集まった組員たちから大きなどよめきが起きた。

「うぉ〜」

瀕死のトップの体に自分の血が入る。そう感じたのだろうか、ほとんどの組員が手を挙げた。

「えっ、山口組の組員ってみんな血液型はO型？　そんなアホな」

こちらの目にはなんとも滑稽《こっけい》に映ったのだが、目を血走らせた組員たちは大真面目《おおまじめ》だ。別の幹部が組員たちに呼びかけた。「酒を飲んどるやつはあかんぞ」

そして、ひと呼吸おいて、思い出したように続けた。

「そや。シャブ（覚醒剤《かくせいざい》）打っとるやつもあかんぞ」

思わず吹き出しそうになった。でも、目の前にいる組員たちからは笑い声もない。殺気立った空気が漂《ただよ》い、とても笑える雰囲気ではなかった。

病院内の様子がわからないまま時間が過ぎていき、日付は翌27日、日曜日に変わった。午前1時過ぎの朝刊の締め切りまでに、緊迫した周辺には大きな変化はなかったが、集まった大勢の組員たちは帰ろうともしない。


（「【関西事件史】山口組4代目組長射殺事件（下）病院前の24時間」

ＭＳＮ産経ニュースＷｅｓｔ　２０１１年10月12日付）

この記事の微妙な「ノリ」は「さすが産経ニュースWest《ウエスト》（産経WEST）」としかいいようがないのだが、ヤクザたちが真剣であればあるほど、第三者には不思議に見えたのも事実であろう。話はそれるが、この「不思議」が昨今のヤクザ関連の書籍やドキュメンタリー映画の人気の理由なのだと思う。

なお産経WESTは、のちに六代目山口組司忍組長の独占インタビューも掲載し、世間を驚かせているのだが、これについては第五章で述べたい。

それはさておき、組長と若頭という二人の最高幹部を一夜にして失った山口組組員らの怒りは頂点に達し、1984年8月から始まっていた抗争が本格化することになる。

それが史上最大のヤクザ抗争といわれた山一抗争である。

この抗争は足かけ5年にわたった。一和会会長だった山本広が1989（平成元）年3月に山口組本家を訪れ、執行部に自身の引退と一和会解散を告げ、四代目の射殺を詫びるまで熾烈《しれつ》な戦いが続いたのだ。

この間に、実に2府19県で317件の大小の抗争事件が発生、山口組側は死者10人・負傷者17人、一和会側は死者19人・負傷者49人にのぼり、警察官や民間人にも負傷者を出した。双方で約560人が逮捕されている。

なお竹中四代目が意識の戻らないまま亡くなった1985年1月27日の翌日である28日には、竹下登《たけしたのぼる》らによる「新政策集団」創政会《そうせいかい》の旗揚げが報じられている。のちの経世会《けいせいかい》である。

竹下は自民党内の最大派閥・田中角栄《たなかかくえい》率いる田中派からの離脱をもくろんでいたのである。当然ながら角栄は激怒し、もともと多かった酒量が増えたことで脳梗塞《のうこうそく》に倒れ、二度と政治の世界に戻ることはなかった。当時は政治もヤクザの世界も、激動の時代であったのだ。

ちなみに1982年に参議院選挙で導入され、1994（平成6）年からは衆議院選挙でも実施された比例代表制のキャッチフレーズは、「出たい人より出したい人を」であったことも思い出される。

抗争終結

四代目襲撃班のうち事件直後に逮捕された長野修一を除き、指名手配されていた実行犯グループの清野《せいの》組・田辺豊記《たなべとよき》、広盛会《こうせいかい》・立花和夫《たちばなかずお》、山広組・長尾直美《ながおなおみ》の3名は、事件の翌月の2月2日に大阪府警察本部に出頭し、殺人などの疑いで逮捕された。

石川裕雄会長と山広組若頭で後藤《ごとう》組組長・後藤栄治《えいじ》も指名手配されていたが、石川会長は射殺事件の翌年1986（昭和61）年7月にゴルフ場で逮捕された。後藤組長の行方は現在もわかっていない。

事件の舞台となったマンションは分譲の物件だったが、石川会長らは襲撃の前年である1984年11月初旬に賃貸契約を結び、204号室に入居している。

事前の周到な準備から組織的関与が疑われたが、石川会長は裁判で「すべて自分の判断」と述べた。

「四代目の襲名が山本広ではなく竹中であったことから、竹中を憎むようになった。自分の信念に基づき、自分だけの責任でやったことであり、責めはすべて自分で負う」としている。

石川会長は死刑を求刑されたが、1989年に無期懲役の判決が確定、襲撃グループの長野ら4名は求刑どおり無期懲役の判決を受けて現在も服役している。立花と長尾は逮捕当時すでに52歳と47歳であり、健康問題も懸念されている。

そして、四代目射殺の翌2月、兵庫県警と岡山県警が四代目の実弟である竹中組・竹中武《たけし》組長を野球賭博開帳の容疑で逮捕している。山一抗争の激化を恐れたのだろう。

だが、武組長側の報復はやまず、一和会関係者は次々と狙われることになる。

当時、世間をわかせたのは、鳥取の山口組系輝道会《きどう》の若手・清山礼吉《きよやまれいきち》の「オカマ」のヒットマンだろう。清山は竹中組組員ではなかったが、一和会・赤坂進《あかさかすすむ》幹事長補佐の行きつけのスナックで女装して「オカマのホステス」として人気を博し、襲撃の機会を狙ったのである。

1985年10月、赤坂補佐と懇意《こんい》になった清山は、「女性を紹介する」と店に呼び出し、同じ組の先輩である山本尊章《やまもとたかあき》に銃撃させた。赤坂補佐と同行の組員が射殺され、清山と山本はその場で逮捕された。清山は懲役15年だったが、二人を射殺した山本は無期懲役の判決を受けている。

その後も竹中組による一和会への攻撃はやまず、一和会からは離脱者も相次いだ。

そして、この抗争は山口組だけではなく他の組織や社会への影響も大きかったことから、稲川会と会津小鉄会《あいづこてつ》による仲裁もあって山本会長は引退と解散を決意する。

1989年3月19日。山本会長は東灘《ひがしなだ》警察署に出頭して自身の引退と一和会解散を表明、30日には山口組本部を訪れている。

稲川会・稲川裕紘《ゆうこう》本部長に付き添われて山口組本部にやってきた山本会長は、執行部に自身の引退と一和会の解散を告げて四代目殺害を謝罪、四代目と三代目の遺影に手を合わせた。

これにより、山口組と一和会の抗争は終結するが、兄を殺害された竹中武組長は、その後も竹中組として攻撃を続け、1993（平成5）年に山本元会長が亡くなるまで追い続けることになる。

昭和が終わり、平成となった区切りの年に山一抗争が終結したのは偶然のなせる業《わざ》だとは思うが、この1989年はベルリンの壁が崩壊し、東ヨーロッパの共産主義諸国で革命が始まった年でもある。ソビエト連邦が崩壊するのは、その2年後だ。

山口春吉初代が山口組を立ち上げたのが1915（大正4）年で、奇《く》しくも2年後の1917（大正6年）にロシア革命が起き、それからおよそ70年を経て山口組の内部分裂抗争とソ連の崩壊を同時に見ることになる。これには偶然を超えた、いいしれぬ思いにとらわれざるを得ない。

第四章　排除されるヤクザ

――渡邉芳則五代目と暴対法施行

暴対法の登場

山一抗争が終結した1989（平成元）年4月27日、渡邉芳則若頭が山口組五代目を襲名する。渡邉五代目は2005（平成17）年に引退、2012（平成24）年に71歳で亡くなるのだが、五代目を語るとき「暴対法」と「阪神・淡路大震災」を切り離すことはできない。

まずは暴対法から述べる。

ヤクザ組織を「暴力団」として「指定」することや、警察の権限の強化、合法事業も含む「暴力的要求行為」の禁止、組事務所の使用制限などが盛り込まれた暴対法（「暴力団員による不当な行為の防止等に関する法律」）が「やくざの壊滅」を掲げて国会の全会一致で成立したのは1991（平成3）年、施行は翌1992（平成4）年である。

国内のヤクザ組織がすべて「暴力団」とされるわけではなく、暴対法で定める要件を満たす組織が「暴力団」として指定されるのである。

「暴力団対策法というおかしな法律が成立しそうなのを知ってるか？」

1991年の初め、私は友人の弁護士・西垣内堅祐《にしがいとけんすけ》にこう聞かれ、初めて暴対法の存在を知ることになる。このことは、拙著『突破者―戦後史の陰を駆け抜けた五〇年』（南風社／1996年）で詳しく書いた。

西垣内は2014（平成26）年に亡くなっているが、かつては学生運動に身を投じ、その後は弁護士として多くの無罪事件を勝ちとった男である。

「要するに、ヤクザが生きていける環境を根絶《こんぜつ》するんだって」

西垣内の言葉に私は無性に腹が立ったが、「ふざけるな！」と同時に「やっぱり、来たか」とも思った。

それから私は、西垣内ほか弁護士、法学者、親しいジャーナリストなどと連絡を取り合い、暴対法を叩き潰す運動を始めることになった。

暴対法が成立する3年前の1988（昭和63）年、ヤクザの事務所使用に関して住民運動が起こった。この際に「暴力団の資金源を断つ法律の整備が急務」という意見が出た、というのが新法制定の表向きの口実である。

だが、当初の暴対法の目的は、暴力団対策というよりはむしろ警察側の組織防衛の面が強かった。

暴対法が施行される2年前の1990（平成2）年11月に、警察庁内に「暴力団対策研究会」という勉強会（会長は成田頼明《なりたよりあき》・横浜国立大学教授／当時）が作られている。他のメンバーのほとんどは非公開で、この年の11月20日、12月21日、明けて1991年1月16日、そして2月6日のわずか4日間の議論で法案が作られたとされる。

米ソ冷戦構造が崩壊し、日本国内でも過激派など左翼の活動家らを取り締まる公安警察部門が縮小される方針となったのだが、そのときリストラされる人員を吸収する部門が必要になった。

そこで「研究会」を設け、暴対法の下地を作り、法の施行後は警察に捜査四課（いわゆる「マル暴」）のほかに暴力団対策課を発足させて、そこに公安の人間を配置したのである。

法案作成の参考にしたのは、アメリカのＲＩＣＯ法（Racketeer Influenced and Corrupt Organizations Act）である。当初は「マフィア対策法」と呼ばれたが、使い勝手が悪く、のちにはタバコのメーカーなどを取り締まるようになっている。

別の意味での「悪法」である。

要するにマフィアが「いないことになっている」欧米では、法律で取り締まるのは難しいのである。幽霊を取り締まるようなものだからだ。

また、日本においてもヤクザ組織壊滅のために経済封鎖すなわち犯罪収益の没収を考えていたが、反対も多く難しかった。

だが、その後は使用者責任（組員の不法行為に組織の代表者が責任を負うこと）による損害賠償請求も可能になり、ほかにも組織犯罪処罰法、銃刀法の強化、共謀罪の整備などで、ヤクザだけでなく国民ががんじがらめにされていく。

もちろん国会もマスコミも容認どころか大歓迎ムードである。

まさに「ヤクザ罪」

暴対法は刑法のように「悪いことをした人間」を裁くのではなく、ヤクザの存在そのものを否定し、「社会の異物」として葬《ほうむ》り去るのが目的だった。必死で生きている者たちを問答無用に排除しようとしたのである。「ヤクザ罪」誕生の瞬間であった。

暴対法の成立、改正については、国会は衆参ともわずかな審議を経て、全会一致で賛成している。反対すれば「暴力団を庇《かば》っている」といわれることもあるが、政治家は警察に頭が上がらない。

「政治家にとって一番怖いのは選挙違反。それを警察に握られている以上、警察の法案は反対しにくい。また、政治家はただでさえ所属する部会や委員会の議論の準備で忙しく、直接関係のない法律はスルーしてしまう。警察が出してくる法案を拒否する理由はないんです」

あるベテラン政治家はこう明かす。

国会では全会一致となったが、それでも当時はまだいろいろな立場の人間が異議を唱え、それなりの議論がなされた。ヤクザの姐さんたちが銀座でデモ行進をし、「極妻《ごくつま》パレード」と報じられたこともあった。

ヤクザだけでなく、左翼など政治運動家や市民運動家たちが「いずれは自分たちにも適用される」と危機感を感じたこともあり、テレビ朝日系の討論番組「朝まで生テレビ！」でも討論テーマとして取り上げられた。

そして、今では考えられないことだが、この番組では、ヤクザの親分と警察幹部も一緒に議論することになっていた。

ところが直前になって警察側が「ヤクザなんかと席を同じにできるか」とゴネたため、しかたなくヤクザだけは事前にインタビューを録画し、それを放映することになった。

「朝生」に出演した暴対法の生みの親の一人、当時の警察庁暴力団対策一課長・石附《いしづき》弘《ひろし》は、暴対法の草案を作った若手キャリアである。

のちに防衛庁（当時）へ転籍、発覚した防衛庁の調達実施本部の背任事件で、防衛庁の組織的証拠隠滅行為をしたとされる防衛庁調達実施本部長である。1994（平成6）年のことだが、今の財務省とあまり変わらない。

石附は、この問題で減給処分を受けて辞任したが、すぐに警察職員生活協同組合専務理事に天下ったと報道されていた。このことを中日新聞が「処分の対象者にも天下り先を用意する役所の手厚さが表れている」（1994年4月9日付）と揶揄《やゆ》していて面白かった。

ちなみに「朝生」でヤクザ側の出演者は、四代目会津小鉄・高山登久太郎《たかやまとくたろう》会長（2003年死去）である。

私も、この石附と話したことがあるが、「若きエリート」全開であった。

石附は、私にこういった。

「ヤクザというのは、その背景に被差別（部落）や在日といった差別や貧困があるのはわかります。それを解決しないとヤクザの問題がなくならないのもわかります。しかしながら、差別や貧困は政治の問題です」

背景など関係なく、悪いものは悪い。

それはたしかに理屈ではあるが、違法行為があれば従来の刑法で対応すればよい。人殺しには殺人罪、泥棒には窃盗罪《せっとう》を適用すればいいだけで、これはカタギもヤクザも関係ない。税金を使って、わざわざ暴対法で「ヤクザ罪」を作る意味がわからないというような話を私はした。

ただ、石附本人は、公安警察部門のリストラ対策としての暴対法や、暴力団から取り上げる利権のうまみを期待しているふうではなかった。本当に世の中の悪を殲滅《せんめつ》したいようだった。

国家の「無法」とヤクザの「人権」

当時の反対論議はそれなりに盛り上がったのだが、前述のとおり国会ではすぐに満場一致で可決・成立している。

成立を受けて暴対法上の「暴力団」に指定された当時の山口組、会津小鉄、草野《くさの》一家は1992年から1993年にかけて相次いで違憲訴訟に踏み切った。

論点は、結社の自由、合法的職業の選択の自由、法の下《もと》の平等、財産権の各侵害などである。彼らが訴える「財産権の侵害」とは、事務所の使用禁止を指す。アウトローである彼らがロー（法律）に訴えたのは画期的なことであった。

それまでは、ヤクザの側に「私らは裏街道を行く者だから、表には出ない」「お上《かみ》には逆らわない」などという哲学があり、裁判を起こすなど考えられなかったのだ。

しかし、暴対法のときは違った。

国家の「無法」にヤクザが立ち向かったのだ。

ヤクザしか生きる選択肢がなかった者たちは、権力とは対決し続けるしかないと、身に沁《し》みて知っている。また、「俺たちが所属しているのは伝統的なヤクザ組織すなわち任侠団体であって、犯罪結社ではない」という意地もあったのだろう。

「裁判に勝つとか、負けるとかが問題やない。負けるに決まっとる。そんなことより、わしは納得でけんのや。納得でけんことで降《お》りたら、わしは死んでも死にきれん。気持ちとして許せないことに、わしは妥協でけん。それに、わしらみたいな者がやっとることを、たとえ少数者ではあっても、『正しいことです』とか『当たり前のことです』と応援してくれる人もおる。その人らのことを思ても、わしは引き下がるわけにはいかん」

四代目会津小鉄・高山登久太郎会長の言葉である。

「終戦後、われわれも警察に協力していろいろなことをしたことがある。それを、こういう追い詰め方をする。人権がないなら、お前らには人権がない、とはっきりいうてくれたらええんだ。それならそれなりのやり方があるわけやからね。しかし、人権はある。だから お前らは義務を果たせ。けど、生きる権利は与えん。そんな馬鹿なやり方をしとるから、間違うとる、とわしはいうとるわけや」

高山会長は、「われわれの人権を認めて、守ってくれ」と頼んでいるわけではない。さんざん差別されてヤクザになるしかなかった者たちの、最後の権利まで奪おうとする国家のあり方をきちんと見ておかねばなるまい。

私は、当時そう思った。

また、ヤクザではないが、労働運動の最過激派といわれた動労（国鉄動力車労働組合）の松崎明《まつざきあきら》委員長に取材したときの言葉も印象に残っている。松崎委員長とは、その後に縁があって対談本（『松崎明秘録』同時代社／2008年）を出すのだが、当時の国鉄（今のJR）は国営で、職員は公務員であった。

国鉄職員などは憲法上の労働権が制限され、ストライキ権がなかった。だから、民営化されるまでは「スト権スト」が公務員の最大の闘争課題の一つであり、公務員たちはストライキ権を求めていて闘っていたのだ。

「公務員にスト権があるとかないとかの議論はもういい。われわれが『スト権がある』といえば、スト権はあるんだ。なぜなら、どんな弾圧があろうとも、われわれはストライキをやるからだ」

松崎委員長は、私にこういった。

そのとおりだと思った。

権利とは、もともとそこにあるものではなく、勝ち取るものだ。そして、闘うことを止めれば権利はなくなる。

世の中は、「権利はできるだけ与えたくない」と考える権力者と、それを闘い取ろうとする者との闘いの連続なのである。松崎委員長の論理には断固とした明快さがあった。

高山会長の考えも同じだった。

「わしらにも生きる権利はある。なぜなら、いかに警察に叩《たた》かれようとも、ヤクザとして生きてきたし、今後も生きていくからだ。権利は自分自身で勝ち取る。お前らの世話にはならん」という意味である。

そして、「その権利を奪うなら、きちんとこちらの問いに答えろ」と迫る。

もちろん、お上としては基本的人権を認めないわけにはいかず、しどろもどろながら

「ヤクザにも人権はある」と一応は認める。

これに対して高山会長は、「じゃあ、この法律は何だ？　嘘をつくな」と、論理矛盾を突いたのだ。

とはいえ裁判所も公安委員会も言い分をきちんと聞く気はなく、「ヤクザが何を騒いでおるか」というくらいのものであった。

だが、この問いは重要ではあったと、今でも思う。

２０１１（平成23）年までに全国で施行された暴排条例（暴力団排除条例）のときには、こうした議論はまったくなかった。残念というほかない。

バブル崩壊がもたらしたもの

そもそもヤクザがヤクザになるのは、それなりの理由がある。

ヤクザに限った話ではないが、人はそれぞれ背負っているものがある。中には個人では負いかねる背景だってある。

私の周囲の人々は、差別や貧困をはじめとする多くの困難を背景に育っていた。それは運命とか宿命といった観念で片づけられない、冷酷な現実だ。

だが、暴対法は、このような「ヤクザを生む環境」を一顧《いっこ》だにすることなく全否定する。そして、暴対法を生みだした権力は、ヤクザが生きるために不可欠なシノギ（収入を得る手段）を根こそぎ取り上げている。そこには権力の私利私欲しかない。

暴対法成立の背景には、警察だけではなく企業の保身もあった。暴対法案提出は1991年、バブル崩壊の直後であることからもわかる。

バブル期には、ヤクザのほか地上げ屋や事件師など、裏社会の面々が表舞台で活躍した。銀行やゼネコン、不動産業者などはむしろ積極的に彼らを利用していた。

やがて巨額のアングラマネーを手にしたアウトローたちは、上場企業の株を大量に買い始め、その勢いは経営中枢に影響力を持ちかねない状態にまでなってしまった。大企業にとっては脅威であり、恐怖である。この恐怖感が、暴対法成立の大きな原動力となった。

持ちつ持たれつ――ヤクザと権力

警察がヤクザとの従来の腐《くさ》れ縁を清算し、新たな「関係」の再編を図るという意味でも、警察にとって暴対法は必要だった。

だが、すべてのヤクザが「反権力」で、すべての警察が「反ヤクザ」かというと、実はそうではない。「持ちつ持たれつ」の関係にある場合も多いのである。近代以前からヤクザと権力には密接なつながりがあったのだ。今も目立たないだけで、権力による利用の歴史はずっと続いている。

利用した後は捨てるのであるが、ヤクザにも得るものはあった。警察はこうした関係の「清算」を決めたのである。すなわち、権力に反発してくるヤクザは使い捨てにし、打算的に近づいてくるヤクザは腐れ縁よりも強い「支配下」に組み込むのである。

この再編作業をするに当たっては、暴対法は強力な武器となる。なぜなら、暴対法も他の特別立法と同じように、恣意《しい》的な運用が可能だからだ。

たとえば、中止命令も出すかどうかは警察が決める。中止命令とは、暴対法が指定する団体の組員による「暴力的要求行為」を行政命令で中止させることだ。

実際に起こった話としては、ある組織のシマ（縄張り）で発砲・恐喝被害があったのだが、犯人が検挙されない段階で所轄がその組織に中止命令を出した。発砲したのがこの組織の人間かどうかはわからないままである。こんなことも可能なのである。

要は、警察の裁量なのだ。手心を加えることだってできるということをちらつかせ、「お前はコントロールされている」と脅す。ヤクザ以上の手口である。ヤクザは生き残るために警察に協力するかもしれない。

2009（平成21）年秋に問題となった「弘道会の集中取り締まり」も、この例だろう。

警察庁は、全国の警察本部に対して山口組の二次団体である弘道会を摘発対象とするように指示した。1990年代に、警視庁が同じ山口組二次団体の後藤組の対策本部を設置した例はあるが、警察庁としては二次団体の取り締まりは初の試みである。安藤隆春《あんどうたかはる》長官は、弘道会を「刑事司法への対決姿勢を強めている」「捜査員と面会しない」ことから、「あらゆる罰則を適用して摘発」するよう指示したのだ。

ヤクザが警察に対決姿勢を取るのは当たり前である。

いうことを聞くヤクザは大目に見てやる、聞かないヤクザは徹底的に叩く、ということだ。そして、もちろんシノギは取り上げる。暴対法とは、それが可能な法律なのだ。

賭博の「胴元」としての警察

なぜ警察が天下り先の確保や利権拡大に汲々《きゅうきゅう》としているのかというと、まずその人数の多さに理由がある。今では30万人体制といわれる。

他省庁に比べて天下りのできる先が少ないという事情もある。現在では「暴力団から企業を守る」という名目で警備業や接客業、金融業など、あらゆる企業に天下っているが、もともと警察の天下り先は交通安全協会程度しかなかった。この少ない利権をフルに拡大し、高速道路や駅前の駐輪場の管理まで手を伸ばしたわけだが、それでも足りない。

そこで、パチンコ屋とソープランド利権の掌握に出た。1985（昭和60）年の新風俗営業法施行である。当時「20兆円産業」といわれたパチンコの利権をすべて奪い、ソープランドなど性風俗産業の許認可権はすべて警察が奪った。極端にいえば、警察が賭博（バクチ）の胴元かつ売春の元締めになったのだ。

バクチと売春はヤクザの専売特許のようなものだが、国家はこれらもすべて管理したいのである。

現代の治安維持法

暴対法案が公表された当時、ヤクザの間では「中止命令を受けるまでは恐喝をしていてもいいのか。ラクな法律だな」という冗談も聞かれた。

暴対法は、現実を知らないエリートが机上で考えた法律なので、そうしたユルいというか役に立たないところも、たしかにある。

もちろん法律にユルさは禁物である。厳格に運用されなければならない。なのに、当局によっていかようにも解釈されてしまっては、適用されるほうは命がいくつあってもたりない。

一方で、組織犯罪処罰法は、そのユルさで暴対法よりも何倍も危険な法律である。恣意的な解釈がいくらでも可能なのだ。「暴対法ではだめだ」ということで考えだされたのであろう。

この組対《そたい》法（「組織的な犯罪の処罰及び犯罪収益の規制等に関する法律」）が施行されたのは、1999（平成11）年3月である。同時に盗聴法（「犯罪捜査のための通信傍受に関する法律」）、刑事訴訟法改定法が施行され、これらを合わせて「組対三法」といわれた。

とはいえ、この三法は最初、使い勝手が悪かった。以前から盗聴が非合法で行なわれていたのは、日本共産党幹部宅盗聴事件（1986年に明るみになった日本共産党国際部長の自宅電話が公安警察に盗聴されていた事件）などでも明らかだが、盗聴を合法化して手続きを厳正にしたら、かえって使いにくくなった。この後に出てきたマネロン防止法（犯罪による収益の移転防止に関する法律・2008年施行）も細かい規定が多すぎるし、10万円を超える現金の振込がATMでできなくなったから、迷惑している国民は多い。

その組対法が、2009年頃からアウトローに対しても次々と適用され始めた。それまでは名義貸しをした弁護士や詐欺事件を起こした会社員、左翼の運動家たちなどに適用されていたのだが、ヤクザがらみの殺人事件などでも使われ始めたのだ。

組対法とは、内容的には刑法の「共謀共同正犯」理論と同じで、「実行犯もそうでないやつも、お前たちはみんなグルである」として、仲間を芋づる式に検挙するものである。しかも対象は、暴対法指定団体などの「組織」でなくてもかまわない。「二人以上」のグループで、当局が「組織的」と判断すれば対象になる。施行当時は「これからは抗争や事件が起こるたびに組対法でトップまでもっていかれる」と懸念されたが、実際にそうなってきている。

共謀共同正犯の理論は、1970年代くらいまでは少数派の意見であった。「私が撃ちました」と拳銃を持って自首してきた人間を逮捕するのが刑法の手続きであって、「証拠もないのに指図した親分まで逮捕できない」と考えられていたのである。

それが「明確に指示していなくても、親分には使用者としての責任がある」とされ、「いわれなくてもやるのがヤクザの行動原理」という論法がまかりとおってしまった。「いわれなくてもやる」という忖度《そんたく》は内心の問題であり、裁判官にはわかるはずはない。

かつては、こうした理論に警鐘を鳴らす報道機関や学識経験者も多少は存在した。早くから共謀共同正犯理論を唱えていた学者でも、「内心だけが問われるのは問題」とする指摘がある。「暴力団排除」を掲げることで、こうした議論が止まってしまうことには危惧《きぐ》を覚える。

たとえば詐欺や恐喝の場合、刑法ならどちらも「10年以下の懲役」だが、組対法では「1年以上の有期懲役」であり、判決次第では10年を超える。

仲間と一緒に温泉に行っただけで検挙されていた戦前に逆戻りしている。「現代の治安維持法」といわれるゆえんである。

治安維持法や破防法《はぼう》（破壊活動防止法）よりも組対法のほうが危険なのだ。治安維持法と破防法は、危険であるがゆえに学者や官僚もきちんと議論している。だが、組対法や暴対法についてきちんと考えて議論した国会議員は一人もいないのである。

２００５（平成17）年12月のことだが、山口組六代目・司忍組長の実刑判決が最高裁で確定した。ボディガードに拳銃を所持させていたとする銃刀法違反、つまり共謀共同正犯である。

これに元早稲田大学総長で刑法学者の西原春夫《にしはらはるお》が異議を唱えた。

西原は、共謀共同正犯理論が少数意見だった頃から推進していた、いわば「ゴリゴリの保守」であるが、朝日新聞（2006年6月13日付）に「その私でさえ（司氏の有罪決定は）容認できない」とコメントしている。「この決定では、『目配せ』すら必要ない。問われているのは内心だけだ」と危惧されていた。

西原は卆寿《そつじゅ》を迎えてまだご健在とも聞くが、ここまで「暴排」が進んでしまうと、もはや軌道修正は難しいだろう。

ボランティア精神こそ任侠道

本章の冒頭で述べた阪神・淡路大震災に論点を移そう。

1995（平成7）年1月17日午前5時46分、兵庫県南部で地震が発生し、国内史上初の震度7が観測された。関連死を含め死者は6434人、住宅被害が約64万棟の大震災である。2月14日、政府（村山富市《むらやまとみいち》内閣）は「阪神・淡路大震災」という呼称を公表した。

この未曾有《みぞう》の危機において、山口組ほか国内の多くのヤクザが救援活動に奔走《ほんそう》した。

2011年10月までに全都道府県で施行された暴排条例は、想像以上に暴排の空気を作

阪神・淡路大震災。山口組本家前で救援物資の配給を待つ人たち（画像はYouTubeから）

ってしまったが、かつては震災のような大災害こそヤクザの出番であった。

阪神・淡路大震災においては、山口組本家のある神戸も多大な被害を受けたこともあり、渡邉芳則五代目が直接指示して、多くの組員が炊き出しなどの救援活動に当たった。傘下のテキヤたちが屋台で作る焼きそばなどは大好評で、長蛇の列ができた。本家では1日に2回、食糧、飲料水、薬品、紙おむつなどの救援物資の配給が行なわれた。

発災当時、バブル経済はとっくに崩壊していたが、当時はまだヤクザにも経済的な余裕があった。漁船をチャーターして水や毛布などを積み、神戸市内の避難所に届ける組織もあったと聞く。どこに行っても喜ばれ、歓迎されたという。

日本のマスコミは、ほとんどこの模様を無視したが、アメリカの「ニューヨーク・タイムズ」は、「神戸のギャングが震災で支援活動」と報道し、「活動は政府よりも効率的」と評した。そして、これらの活動は「ギャングのプライドによるものである」と分析している（1月22日付）。

ギャングと任侠道はまったく別モノなのであるが、外国人記者に任侠道そのものが理解されていないのだから、しかたがない。

報道では、正木《まさき》組・正木年男《まさきとしお》組長がインタビューに応じ、「被災された皆さんによいサービス（支援）をできたことに満足している」と明かしている。

だが、警察はこれを許さず、避難所によっては「暴力団からの支援物資は受け取らないように」と指導したところもあるようだ。誰からもらおうと水は水であり、被災者も残念がっていたと聞いた。

「どうせ人を泣かせて作ったカネだろう」

ヤクザのボランティアを快く思わない人々や警察官の言い分は、こういうことだ。

「被災地入りするのは、シノギのため。略奪だってするだろう」

たしかにシノギを探すことはあるかもしれない。だが、やはりボランティアとシノギは違う。1枚でも多くの毛布や1本でも多いミネラルウォーターがほしい人たちが、「ヤクザが持ってきたものはいらない」というとは思えない。

今思えば、それから2年後に射殺される宅見勝《たくみまさる》若頭も、渡邉五代目らと仲よく支援活動をしていたように見えた。

こうした活動を「売名行為」と批判する者もいるが、山口組を知らない日本人はいないので、そもそも「売名」には当たらない。

「私がしていることは、売名で偽善ですよ」とは、自腹で多彩なボランティア活動を続けている俳優の杉良太郎《すぎりようたろう》の言葉である。これは謙遜《けんそん》だろうが、被災者のことを第一に考えていると思う。

山口組も被災地の人たちのことを考え、いち早く行動を開始した。私は、山口組に古きよきヤクザの心意気がまだ残っていると知って嬉しかったことを覚えている。

また、阪神・淡路大震災以降は、インターネットや通信機器などの普及もあり、ボランティアや民間企業が「お役所」よりも早く活動できるようになっていることが評価されている。

このボランティア精神こそ任侠道であり、かつてのヤクザが持っていたものである。ほとんどのヤクザが家庭に恵まれておらず、気性は荒いが本来は寂しがり屋なのだ。だから、大災害による一大事には貢献しようと奔走するのである。

そして2011年3月11日、東日本大地震が発生する。

発災から7年を経てもまだ行方不明者は多く、全容は把握されていない。緊急災害対策本部資料によると、震災から3カ月を超えた6月20日時点で、死者約1万5000人、行方不明者約7500人、負傷者約5400人。さらに12万5000人近くの方々が避難生活を送っていた。

津波によって多くの人の生命が奪われ、余震も続いたが、東京電力福島第1原子力発電所の事故は、住民の避難や農作物への被害、風評など、福島のみならず国内外を混乱に陥れた。2018年現在でもこれらの問題は落ち着いているとはいいがたい。

求められる「裏社会」の力

「裏社会の人に協力を要請しないと突破できない局面も出てくる」

旧聞に属するが、『文藝春秋』（2011年9月号）での作家の堺屋《さかいや》太一《たいち》の発言が物議を醸《かも》したことがあった。堺屋は阪神・淡路大震災の経験を踏まえ、その16年後に起きた東日本大震災に「裏社会の人」の協力を指摘、一部の弁護士などにとって「聞き捨てならない」事態となったのだ。

当時の読売新聞（2012年1月18日付）はこう伝える。

〈堺屋氏の裏社会発言に弁護士抗議…震災復興で〉

東日本大震災の復興に関し、作家の堺屋太一氏（76）が阪神大震災の経験を踏まえ、「裏社会の人に協力を要請しないと突破できない局面も出てくる」と月刊誌で発言したことに対し、暴力団排除（暴排）活動を進める全国の弁護士十六人が抗議したことがわかった。弁護士側は「暴排の機運に逆行しており見過ごせない」としている。

抗議されたのは、「文芸春秋」昨年九月号の「民主応援団長が見た『日本中枢の崩壊』」の中での発言。政府や東京電力の対応について、稲盛和夫《いなもりかずお》・京セラ名誉会長と対談した堺屋氏は、阪神大震災で政府の復興委員を務めた経験から「復興にはスピードが必要」と主張。「平時のように四角四面に法律を適用していては、ことは迅速に進みません。正直なところ、裏社会の人に協力を要請しないと突破できない局面も出てきます」と述べた。

堺屋氏の発言に、日本弁護士連合会の民事介入暴力対策委員会の有志十六人が昨年十月、「震災では暴力団など反社会的勢力の関与が許されるかのような発言だ」と文書で抗議し、具体例を示すよう求めた。

これに対し、同氏は「『裏社会』とは極めて広義の意味で使った」などと回答。再質問にも「反社会的勢力の範囲がわかりかねる」と答え、問答がかみ合わなかった。堺屋氏は取材に「『裏社会』とは、登記も登録もされていない団体を指して発言した。必ずしも暴力団を意味しない」と説明している。


このような詳細を報じたのは読売だけのようである。

弁護士らは『文藝春秋』発売後すぐに質問状を出したようだが、報道が年明けなのも気になるところである。『文藝春秋』の記事（「民主党応援団長が見た『日本中枢の崩壊』『菅・東電』に退陣勧告を突きつける」）における堺屋の発言は、次のとおりである。

一九九五年に阪神・淡路大震災が起きた時、私はすぐに村山富市首相と森喜朗《もりよしろう》幹事長に関東大震災の後の帝都復興院に倣《なら》った組織を作ることを進言しました。そこで一カ月後に阪神・淡路復興委員会が発足したのですが、そのときは委員長に下河辺淳《しもこうべあつし》元国土事務官次官が就任し、その下に後藤田正晴《ごとうだまさはる》元官房長官や私など、実務経験と幅広い人脈を持つメンバーが集まりました。

被災地の復興には、スピードが必要です。それと同時に巨大な経済活動が生じますから、様々な利権が発生します。ですから、平時のように四角四面に法律を運用していては、ことは迅速に進みません。正直なところ、裏社会の人に協力を要請しないと突破できない局面も出てきます。

そのような努力を積み重ねて、阪神・淡路大震災では、三カ月で瓦礫処理をほぼ完了、復興住宅の建設も終了しました。被害の規模が違いますから、単純な比較はできませんが、東日本大震災では、四カ月経って、瓦礫を仮置場に移す作業さえ、まだ三五％しか終わっていません。

菅《かん》（引用者注・直人《なおと》）内閣は情報と決断を一元化して、大きな方向性を示して、あとは胆力のある実務家に仕事を任せればいいんです。でも、この期に及んで、まだ間違った「政治主導」にこだわり、何でもかんでも自分でやろうとして。躓いてしまっているように思えます。

しかも、閣僚が官僚を使いこなしていない上に、菅首相が閣僚を統率できていないのも深刻な問題ですね。

江戸の町火消

暴対法の施行は1992年だが、この堺屋の発言からも1995年の阪神・淡路大震災あたりまでは、まだヤクザの活躍の場があったことがうかがえる。

もちろん国家の立場としては、以前からヤクザの社会的貢献などはありえず、ヤクザが被災地で果たした役割を大手メディアが報じることもなかった。

だが、世間は積極的にではないにしろ、何となくヤクザを受け入れていたのだ。そのほうがずっと健全であるが、現在はもはやそのような健全さは残されていない。

G8諸国の中でも、日本は特に大地震や台風など自然災害の多い国である。今でも木造建築は多く、かつては大規模な空襲も経験した。また、江戸時代は戦乱がない代わりに、火災が頻発《ひんぱつ》している。

現在のような消防団や自衛隊がなかった江戸時代、消防の中心は町火消であった。町火消といえば男伊達を売るヤクザであり、その代表格は侠客《きょうかく》の新門辰五郎《しんもんたつごろう》（1800－1875）である。

事典の解説には「幕末の江戸の侠客、町火消。下谷《したや》に生まれ、浅草寺《せんそうじ》の新しい門の防火を預かり新門と称す。配下の人足が有馬《ありま》家の大名火消と争ったことがもとで人足寄場《にんそくよせば》に送られたが、1846年の大火の際、寄場の囚人を指揮して消火に活躍、赦免《しやめん》された。侠名が高まると幕臣に取り立てられ、子分を率いて市中警備にあたった。1862年一橋慶喜《ひとつばしよしのぶ》に従い上洛、禁裏《きんり》警衛についた。慶喜の身辺警護は駿府《すんぷ》移転まで務めている。その侠気は後に脚色されて歌舞伎・講談などで有名」（平凡社『百科事典マイペディア』電子版）とある。

江戸時代は辰五郎のような親分とヤクザたちが、率先して危ないことをやっていたのである。消火活動や警備などは、普段から荒っぽいことをしている男たちのほうが活躍できるのだ。

江戸時代のヤクザたちも、もともと土方やとび職など土木関係の仕事に従事しており、親分・子分のヒエラルキーに支配されていた。指揮命令系統がはっきりしているから、頂点にいる親分に命令されれば、若い衆は従わなくてはならない。もちろん当時は高額なギャラが支払われる魅力ある仕事であり、喜んで引き受けてはいただろう。

あるいは、古いタイプのヤクザの気質としては「自分たちは裏街道で生きている」「カタギの皆さんに飯を食わせてもらっている」という部分もある。だから、災害が発生したときくらいは恩返しのつもりで「いいところ」を見せたいと考えることもあったと思う。普段はバクチで負けたやつに容赦ない取り立てをしたり、酒を飲んで暴れたりと、ひどいことばかりやっているが、災害時に命がけで働くことで唯一、公的に存在価値を示せることは嬉しかったのではないか。

この町火消は、ガラは悪いが、腕に自信のある者が多かった。各町内で火事が起こったら即座に駆けつけ、まず纏《まとい》持ちが屋根に上って纏を振った。「火事はここだ」ということと、「この火事は俺たちの組が預かった」という合図である。この纏持ちの死亡率は非常に高く、危険な作業であったが、それがステイタスでもあった。「ヤバいところは俺たちが引き受ける」というかっこよさが人気を集めていた。

新門辰五郎の例に見られるように、彼らは権力とも結びついていて、たとえば幕末、江戸城明け渡しのときには、勝海舟《かつかいしゅう》の指示で高輪《たかなわ》から街道筋に町火消1万2000人が並び、西郷隆盛《さいごうたかもり》率いる官軍を迎えたという。勝は「話し合いがつかなかったら、後ろから火をつけろ（江戸の街を焦土《しょうど》にしろ）」と指示していたという話も残っている。このメンバーにも新門率いる「を組」がいたが、のちに明治新政府は「を組」を〝おとりつぶし〟にしている。

ヤクザの手も借りたい

その後、日本は明治の富国強兵政策から戦争の時代へと突入、太平洋戦争の終戦後はGHQによるヤクザの弾圧もあって、ヤクザ社会は様変わりしていくことになる。

戦後の混乱期は、ヤクザや愚連隊が暴れ回れた時代でもある。私は、ヤクザだった父から、1945（昭和20）年3月の大阪大空襲のときに京都に墜落した米軍機B29の解体で大儲けした話を聞いたことがある。警察もビビって現場に行かなかったが、私の父は子分を引き連れて行き、ジュラルミンなどを回収したのだ。

一方で、先にふれたように無法を繰り返す「戦勝国民」たちから町の安全を守ってもいた。警察官はGHQから銃を取り上げられ、ほとんど役に立っていなかった。

ヤクザとは、このように、一般市民が怖がったり、嫌がったりする「きつい、汚い、危険」の3Kの仕事を進んでやるものである。こうした仕事を引き受けることで厄介者《やっかい》にも活躍の場ができ、市民も助かった。

特にヤクザを「賞揚《しょうよう》」することはない。過剰に排除しなければいいだけである。現在でさえ空前の人手不足といわれるが、今後は災害時だけではなく日本の産業全般でますます人手不足が進むと予想される。

東京都を中心に公共工事と民間工事の発注件数は伸び続けており、現場はヤクザの手も借りたいのが実態だ。

私は、多くの建設業関係者から「現場では仕事をきちんとやるヤクザは多い。むしろマナーの悪い若者をたしなめてくれたりして助かっていた」「仕事さえきちんとやってくれれば、前科があってもかまわない。とにかく人手が足りない」という声を聞いている。

堺屋はこうした実態を知っていたから、発言したのであろう。

いうまでもなく日本は地震大国である。阪神・淡路大震災、東日本大震災という超大規模災害に続き、2016（平成28）年に熊本地震、2018（平成30）年には大阪北部地震が発生している。それぞれ規模も災害状況も異なるために、単純な比較はできないが、無駄な暴力団排除により被災地の復興どころか復旧が進まないことだけは事実といえるだろう。

復旧が進まない理由は、「お役所」の機動力のなさにある。堺屋の指摘するとおり、「四角四面」にやっているからだ。災害を想定しない平常時の法令、基準をそのまま適用するため、何をしようにも「許可」だ「認可」だとなっている。そのために莫大な時間と労力がかかってしまう。

住宅の損傷や倒壊についても、行政はまず損傷や倒壊の程度など全体の状況を把握し、書類の提出を求め、その書類を審査するという手続きを経なくてはならない。瓦礫《がれき》の撤去や屋根や窓の修復などにも同様の時間がかかる。

税金を使っているので、ある程度のチェック機能は必要ではあるのだが、こうしたところは民間をうまく使って早く処理すべきなのだ。

ただでさえそうした状況なのに、「暴力団員かどうか調べろ」「暴力団員は働かせるな」というのは、復旧・復興の邪魔にしかならない。

被災者にとっては1日も早い復旧・復興が大事なのであり、作業する者たちの前科や、指や刺青の有無など関係ない。これは雇用する側も同じであり、決められた賃金できちんと仕事をしてくれれば、それでいいのだ。

人為的な理屈をつけて「暴力団」を排除しても、何の得にもならないばかりか、復旧・

復興の足を引っ張るだけである。

東日本大震災のときには、関東のヤクザや右翼団体を中心に多くの組織が翌日から現地入りしているが、フロント企業などを使って名前が出ないようにしていたようだ。

この年の8月に「暴力団員との交際」を理由にタレントの島田紳助《しまだしんすけ》が引退するのだが、反社会的勢力によるボランティア活動は、被災地はともかく世間的にはまったく受け入れられなくなっていた。

それでも、都内のスーパーから商品が消えた中で、ヤクザたちは東海以西の友好団体から送ってもらった水や缶詰、毛布などを積んで瓦礫の「道なき道」を進んでいった。

「携帯電話は翌日には通じたから、福島の知り合いに途中まで来てもらって、モノを渡すという作業の繰り返しだった。しばらくしたら、宮城や岩手まで行けるようになった」

知り合いのヤクザはこう振り返る。

「やりがいとか、楽しかったとかいうのではない。困ったときには助けに行くもんだということ。阪神・淡路（大震災）の時は、オレたちもカネもあったし、活動もいろいろできたんだ」

活動は表に出ないようにしているため、どの組織がどのような物資をどのくらい運んだのかは、把握できていない。だが、少なくとも行政の措置よりは早く、確実に、被災した方々の救援になったはずである。

山口組のターニングポイント――宅見若頭射殺事件

さて、渡邉五代目が当代であった時代、山口組にとってきわめて重大な事件が起きている。宅見勝《たくみまさる》若頭の射殺事件である。これは1985年1月の竹中正久四代目射殺事件以上に、山口組のターニングポイントになった。

竹中四代目事件は一和会の犯行であり、原因と当事者が明確で、いわば「わかりやすい事件」である。これに対して宅見若頭事件は、事件から20年以上を経てなお解明されていない部分もあり、それゆえに山口組の内部に疑心暗鬼の構造を作ってしまったといわれているのだ。

1997（平成9）年8月28日、午後3時20分頃。神戸市内の新神戸オリエンタルホテル4階のティーラウンジ「パサージュ」で、4人組の男が宅見勝若頭に向けて発砲、若頭は頭や首を撃たれた。男たちは外に待たせていた乗用車に乗って逃走した。

このときの流れ弾《だま》が隣席の歯科医師（当時69歳）の後頭部に命中、若頭とともに救急搬

「(射殺事件について) 誰も動かぬように」

こういっただけだった。

これだけの事件なのだから、すぐに中野太郎《たろう》会長ほか中野会の関係者が呼ばれて、いろいろと聞かれるはずであった。

だが、あえて五代目が沈黙を守ったことで、五代目自身の宅見若頭射殺への関与が疑われることになる。

若頭の葬儀は8月31日に行なわれたが、犯人と目されていた中野会長は出席していない。

そして葬儀後に開かれた幹部会で、中野会長の「破門」が決まった。「幹部殺害」にしては軽すぎる処分であり、異議を唱える幹部もいたと聞く。

「まだ犯人と決まったわけではないやないか」

絶縁を望んだ組長たちに対して五代目はこう反論したというが、それならば「破門」も不要である。

この日を境に、中野会の関係事務所に対する発砲や火炎瓶投擲《とうてき》などが多発する。これが宅見組関係者からのカエシ(報復)であることは、誰の目からも明らかであったが、中野

1989年当時の渡邉五代目（左）と宅見若頭。この８年後、宅見若頭は射殺されるが、五代目は沈黙を守った　© 共同通信

会側は一切反撃していない。中野会長が報復をしないように厳命したと聞いている。

その後も報復は続き、最終的には37件の報復事件が発生している。中野会関係者に10人の死傷者が出た上、市民２名にも巻き添えで重傷を負わせている。

「宅見の事件は、うち（中野会）はやっていない。ワシも2、3年で（山口組）に復帰する。いろいろいわれるやろが、まずは行動を慎《つつし》むことや。特に宅見組の者たちとの諍《いさか》いは避けるように」

射殺事件から5日後の9月2日。中野会長は自宅に傘下団体の組長たちを集めてこう告げたとされる。

「山口組に残りたいのやったら、中野会を出て山口組に残ってもええ」

こういわれても、すぐに決められる者はいなかったようだ。

だが、翌3日に、流れ弾を受けて重体となっていた歯科医師が亡くなったことで、執行部は中野会長の絶縁処分を決定する。

後述する「宅見クーデター説」を取る山口組の関係者の中には、中野会長が五代目に「話が違う!」とキレたという話も伝わるが、真偽は不明である。

半年後の「指名手配」

山口組執行部は、事件当日から中野会長を犯人扱いしていた。

射殺事件の現場となったホテルの監視カメラにも実行犯の姿が残されており、すぐに中野会に捜査が及ぶと思われていたが、実行犯の指名手配は半年後。逮捕は事件から約1年を経ることになる。なぜそこまで時間がかかったのだろうか。

事件から半年後の1998(平成10)年2月に、監視カメラの映像が中野関係者であると報じられた。中野会の吉野《よしの》和利《かずとし》若頭である。

このホテルでは、1階から3階に設置されたカメラに襲撃犯が逃げる姿も映っていたのに、犯人が特定されたのは初めてだった。今はビデオカメラの性能も飛躍的に進化しているから、これほど時間がかかることはないが、当時でも「ようやく」という印象だった。

それから20日ほど経ち、残る3人も「特定」されたが、射殺を断定できる物証が乏《とぼ》しかったらしく、それぞれ別件の暴力行為や詐欺容疑で指名手配された。

指名手配によって逮捕も時間の問題となった。しかし吉野若頭は、この年の7月に潜伏先の韓国で遺体となって発見された。これには、宅見組による犯行という見方以上に、「中野会による口封じ」との噂も広まった。

遺体が韓国で発見されたため韓国の警察が司法解剖をしているのだが、それが「吉野若頭の遺体は内臓がすべて抜かれていた」「血液もなかった」という話になり、いささか猟奇事件じみたことも日本のマスコミを騒がせた。日本の捜査当局が「(日本よりも)先に解剖をするなどコケにされたも同然」と感じるようなことがあったからかもしれない。

一方で、吉野若頭には持病もあり、事件性はないとの指摘もある。今となっては解明は難しいが、この事件もヒットマンたちの哀しい末路が明らかになっただけだった。

1998年10月にヒットマンの中保喜代春《なかほきよはる》が別件で逮捕され、翌年2月に吉田武《よしだたけし》、7月に川崎英樹《かわさきひでき》がそれぞれ逮捕される。

それから10年後の2008（平成20）年6月には鳥屋原精輝《とりやばらきよてる》の遺体が神戸市内の倉庫で発見され、2013（平成25）年6月に指揮役の財津晴敏《ざいつはるとし》が逮捕された。宅見若頭襲撃に直接関与したとされる6人が、逮捕あるいは遺体で発見されるまでに16年を要したのである。

この間、バブル崩壊で山一《やまいち》証券が廃業（1997年11月）、リーマン・ショック（2008年9月）、民主党政権誕生（2009年9月）と時代を画する出来事が起きた。

「いずれ山口組に復帰できる」といっていた中野会長の復帰はかなわなかった。渡邉五代目は前述したように2012年に亡くなり、中野会長も2002（平成14）年に引退して中野会を解散した。翌2003（平成15）年1月、中野会長は脳梗塞で倒れて現在は静かな老後を送っている。

「経済ヤクザ」の代表として

宅見勝若頭について、少しふれておきたい。

福井英夫《ふくいひでお》組長が率《ひき》いる福井組の宅見勝若頭の名がヤクザの世界で知られるようになるのは、1976（昭和51）年の大阪戦争だったかと思う。

大阪の中堅の独立組織であった松田《まつだ》組との抗争であり、多くの犠牲者を出した。山口組と他組織との最後の大規模抗争ともいえる争いで、その後は山一抗争など内部の抗争が多くなっていく。

大阪戦争では、当時の山本健一若頭が山健組を率いていたこともあり、山健組の若い者たちが中心に動いた。のちに神戸山口組の初代となる井上邦雄《いのうえくにお》組長や、「山建三羽《さんば》がらす」の一人で、のちに盛力会《せいりき》を率いる盛力健児《けんじ》会長などが、この抗争の功労者となって長期の懲役を務めている。

その中で、いわば保守本流の山健組ではない福井組の宅見若頭が、爆弾を搭載したラジコンヘリで松田組組長宅の襲撃計画を立てたことが話題になった。事前に発覚してしまい、未遂に終わったが、今でいえばドローンによる攻撃である。松田組組長宅の警備が厳しかったために空からの襲撃を企《くわだ》てたのだが、当時としてはかなり画期的であった。

こうしたスマートさも評価され、のちに田岡三代目の直参《じきさん》となる。

当時の宅見若頭を知る人は、「福井組でありながら、山本若頭を敬愛し、組織のためにラジコンヘリの導入などを考える賢い人だった。評判が悪くなったのは、バブルからだと思う」と明かす。

宅見若頭は「経済ヤクザのはしり」といわれ、銀行や証券会社にもパイプを持ち、カタギにも評判がよかった。

宅見若頭と親交があったことで知られる田中森一《たなかもりかず》元弁護士は、私との対談で「若頭はカネにはきれいな人だった。だからイトマン事件でも名前は出なかった」と明かしている。

「根拠があるわけじゃないんだけども、宅見さんの人柄からいって、そんなクーデター(引用者注・宅見若頭が渡邉五代目を排除しようとしたとする見方。後述する)を起こすような人とは思えない。僕も付き合いあったから、もしそんなクーデターとか考えとったんなら、なんか感じるものがあったと思う。でもそんなものは僕は感じなかったしね」(『必要悪―バブル、官僚、裏社会に生きる』扶桑社/2007年)

イトマン事件とは、1990年5月の日本経済新聞のスクープで発覚したバブル期を象徴する経済事件である。

中堅商社に過ぎないイトマンが、不動産投資による1兆2000億円もの借入金を作っていたことに、世間は騒然となった。さらに、このスクープ後に「イトマンと住友《すみとも》銀行、裏社会のつながり」が詳細に書かれた内部告発文書が出回り、イトマンは窮地に立たされる。

中堅商社がバブル崩壊後も無理な投資を続けられたのは、当時「住友銀行の天皇」といわれた磯田《いそだ》一郎《いちろう》会長、「地上げのプロ」伊藤《いとう》寿永光《すえみつ》イトマン常務、そして「イトマン中興の祖」河村良彦《かわむらよしひこ》社長の関係によるものとされる。自殺者まで出る騒ぎとなったが、そこに宅見若頭と大物フィクサー・許永中《きょえいちゅう》（ホ・ヨンジュン）の名も出たのだが、若頭は逮捕されていない。

ヤクザに限らず、一人の人間がいろいろな「顔」を持つことはよくあることで、宅見若頭がそうであったとしてもまったく意外ではない。宅見若頭は私にも普通に接してくれていた。

だが、ヤクザ世界の新種のような経済ヤクザに、多くのヤクザは冷たい目を向けた。それだけではない。メディアも容赦なかった。たとえば２００２年９月６日付の産経新聞は、こう書く。

「こないもらえるんか」

段ボール10箱に入った現金を見て、宅見組組員は驚いた。現金は１箱に１億円ずつ詰め込まれ、総額10億円の大金だったからだ。宅見と付き合いがあった関東在住の企業経営者にとって、今でも印象に残る出来事だ。

昭和の終わりごろ、ある大手銀行のトラブルに介入した宅見組が銀行側の代理人と都内で交渉するにあたり、組員は宅見から「強気の交渉してこいや」と指示を受けていた。

組員は交渉の場で相手に指を1本立てたが、「せいぜい1千万か1億か」と思っていたところ、届けられたのが10億円だったと知り驚愕《きょうがく》した。

急遽《きゅうきょ》、レンタカーで大阪へ運んだが、現金の重みでカーブでは車のバランスが崩れるなど運転に苦労した。経営者は「まだ大阪までバブルの恩恵が及んでいなかった時期。東京の桁違いの羽振りの良さを宅見組長は実感した」と振り返る。10億円を受け取ると、宅見には東京進出という野望に火が付いた。

宅見は山口組内で4代目の竹中正久や5代目の渡辺芳則の組長就任に向け、多数派工作に動くなど中心的な役割を果たし存在感を発揮。5代目体制ではナンバー2の若頭に上り詰めた。

宅見の力の源泉は豊富な資金力だった。暴力団関係者によると、「日経新聞を読んでシノギ（資金源）のネタを探さなあかん。これからは税金を払うような稼業が必要や」

と組員に助言していたという。暴力団と密接な関係を持ち資金提供などを行うフロント企業（企業舎弟）を傘下に置き、検事出身の弁護士や仕手《して》グループなど豊富な人脈もあり、バブル経済で最も成功した暴力団の一人となった。

「クーデター説」の真相

宅見若頭射殺事件の原因として広く流布されているのは、「宅見若頭のクーデター」説である。

五代目山口組・渡邉芳則組長体制を誕生させるために奔走した一人が宅見若頭であることは知られているが、いつからか渡邉五代目の排除すなわちクーデターを企て始めた。それに気づいた渡邉五代目が、当時の若頭補佐の中野会・中野太郎会長に相談し、その配下が宅見若頭を銃撃したというものである。

その証拠に事実上のナンバー2を射殺したにもかかわらず、前述のとおり中野会と中野会長に対する処分が甘かったことが挙げられ、五代目が指示した「証拠」の録音テープの存在も噂される。中野元会長自身も、のちに週刊誌のインタビューで「クーデター説」があったことを認めている。

また、中野元会長は、射殺事件の1年前の1996（平成8）年7月に四代目会津小鉄の関係者に銃撃されており、これには宅見若頭の関与も噂された。渡邉組長を排除する前に、「五代目親衛隊」を自称する中野会長を排除しておこうということのようであった。

この「クーデター説」には異論もあり、真相は今もわかっていないところが多いが、ただ、五代目と若頭の意見が合っていないことは、私にも何となく察しはついていた。

「山口組だけ大きくなってもあきませんわね。重要なのは他の組織とのバランスです」

若頭は折にふれてこういっていたのだが、五代目は拡大路線を続けていた。このあたりの考えの違いも、あるいは関係悪化の原因となったのかもしれない。

なお私は、宅見若頭とは射殺事件の数日前に都内のホテルのラウンジで偶然会っており、また京都に拠点のあった中野会にも知り合いがいるので、宅見事件については「切ない」という以上の感想が持てない。

あの日、若頭とは短い時間だったが、コーヒーを飲みながら暴対法などについて話し合った。

先にも述べたように、山口組は暴対法の違憲訴訟を起こしたが、阪神・淡路大震災もあって取り下げている。

「あの節は、せっかく宮崎さんにもご協力いただいたのに、かえってご迷惑をおかけしてしまって……」

若頭は残念そうだった。

それからすぐに射殺され、実行犯は長い逃亡を強《し》いられた。

改めてヤクザの「末路」とは悲しいものだと思う。

もうひとつの銃撃事件

宅見事件を考察するには、当時の山口組を見ておかねばならない。

宅見事件に関して最も重要な事件は、先にもふれた1996年7月の中野会・中野太郎会長襲撃事件である。宅見若頭が射殺される前年だった。

「いてもうたる！」が口癖で、「ケンカ太郎」と呼ばれた中野会長は、山健組でも強い存在感があった。

その中野会長が理髪店で散髪中に、なぜか会津小鉄の関係者に銃撃されたのである。

銃撃班は中野会長のボディガードの返り討ちに遭《あ》い、二人が死亡するが、中野会長はかすり傷ひとつ負わなかった。

当時の中野会長は、京都・八幡《やわた》市に自宅を構えており、そのことで京都に本部を置く会津小鉄とはギクシャクしていたが、銃撃されるほどの理由はないはずだった。

事件は、ほんの数分の出来事であったという。

1996年7月18日、正午の少し前。中野会長は自宅から200メートルほどの理髪店にいた。

その近くに3台の乗用車が停《と》まり、6人の男たちが降りてきた。四代目会津小鉄系四代目中島会傘下の小若《こわか》会と七誠《しちせい》会の組員たちである。

6人は理髪店を取り囲むように並び、窓ガラス越しに一斉に発射した。

窓は中野会長が以前から防弾仕様にさせていたので、三つある席の中央に座っていた中野会長は難を逃れたが、流れ弾は店主(当時42歳)の袖《そで》をかすめた。

店内の入口近くにいたボディガードの中野会・高山博武《たかやまひろむ》若頭補佐をはじめ、外の車で待機していた中野会の若い者たちが、2台の車で会津小鉄の組員を左右からはさみ撃ちするように追いかけ、発砲した。

会津小鉄の組員らは走って逃げながらも発砲したことで、理髪店前から南北の道路沿いに数十メートルの範囲に及んでの銃撃戦となってしまった。

人だかりができて車は動かせず、中野会長は歩いて帰宅したというが、理髪店内には16発以上の弾痕が残っていた。のちに理髪店から100メートル離れた団地の近くで見つかった中野会の車には、タイヤなどに4発の銃弾が撃ち込まれていたことがわかっている。

高山補佐は22口径の小さな拳銃でありながら銃撃班2名を射殺したことで、「頼もしいボディガード」としてヤクザ業界での評価が高まった。

補佐はこの件で15年の懲役を務めることになるが、公判中に宅見若頭射殺事件が起こってしまう。

「何があっても、最後まで中野会長のそばから離れるな」

高山補佐は、中野会の絶縁の際に自分の子分たちにこういったという。中野会の解散にも反対していた。

しかし、結果として2005年8月に中野会は解散となり、これを受けて高山補佐は三重・四日市に本部のある山口組の二次団体・愛桜会に移籍した。その後、2016年1月に病死する。

なお、当然といえば当然なのだろうが、この理髪店は事件のせいで閉店している。

襲撃のタイミング

なぜ、このタイミングで中野会長が狙われたのだろうか。

それは今も謎のままだが、宅見若頭の「事件当日の動き」がおかしかったことは、指摘されている。

事件のその日のうちに会津小鉄の図越利次《ずこしとしつぐ》若頭を呼びつけ、事態の収拾を図ったというのだ。まだ中野会長が警察で事情聴取を受けていたのに、「被害者不在」のままで話を進めたことで、中野会長を激怒させている。

図越若頭は、すぐに自分の指と4億円（あるいは5億円との話もある）の現金を山口組総本部に持ってきて、中野会長がいない席での手打ちとなった。

このとき総本部にいたのは、宅見若頭ほか三代目山健組・桑田兼吉《くわたかねよし》組長、古川《ふるかわ》組・古川雅章《まさあき》組長らとされ、渡邉五代目も了承したといわれている。

このスピーディーな段取りは何だったのか。

警察に行っている間にすべて済まされ、一銭も受け取っていない（と本人がいっていたとされる）中野会長が怒らないわけがない。

中野会の関係者によると、これらはすべて「宅見若頭の仕切り」だという。

一方、四代目会津小鉄・高山登久太郎会長は、本当に事件には絡《から》んでいないようで、事件後すぐに知人を通じて中野会長に「自分は関係ない」といってきたと聞いている。

中野会長も同意見であった。

「高山会長には、気にせんようにいうてくれ。ホンマに会長は関係ないと思う。ただし会長を降りたら必ずカエシ（報復）があるから、今は辞めない（引退しない）ようにというてくれ。あと、（銃撃実行犯の）小若にも『ワシにそんな気（京都進出する気）はない』というといてくれ」

そう知人に伝えたという。

だが、「直参の組長が銃撃されたのに、上部団体が何のカエシもしないどころか、『ハイそうですか』とカネを受け取った」というのは、通常はありえないことである。しかし中野会長も「五代目も手打ちを承認したと聞いた以上、どうしようもない」といっていた。

では、なぜ会津小鉄は銃撃してきたのか。

これは、田岡三代目が図越若頭の父である図越利一《りいち》会長（二代目中島会）との間で「山口組は京都の旧市街地（中心地）には進出しない」という「不可侵協定」を結んでいたにもかかわらず、中野会長が旧市街地ではないにしろ八幡市内に入ってきたことで、緊張感があったからだといわれている。この「不可侵協定」については別項でも述べる。

中野会の若い者だけではなく「自称・中野会」の若者たちが町で暴れては「オレは中野会だ！」というものだから、迷惑千万であったようだ。報道されているだけでも、事件はいくつも発生し、それは「枝（下部組織）の若い者たちの小競《こぜ》り合い」というには、いささか度が過ぎていたようだ。

たとえば１９９２年３月に、京都で中野会の関係者とされる不動産業者が会津小鉄系の組員に刺殺された。この月には暴対法が施行されている。

そして翌１９９３年10月には会津小鉄組員が京都・山科《やましな》の中野会系事務所を銃撃、さらに山口組系組員が大津《おおつ》市内の会津小鉄系組事務所駐車場で会津小鉄系組員を射殺した。

また、１９９５年６月には山口組と会津小鉄の間で、26時間で14件の発砲事件が発生。これはすぐに山口組と会津小鉄が手打ちをしている。しかし、翌７月には中野太郎会長の自宅に銃弾が撃ちこまれた。

さらに翌８月、山口組系の藤和《とうわ》会山下《やました》組組員と会津小鉄系山浩《やまひろ》組組員が口論となり、山下組組員が山浩組の山本浩令組長を狙撃、山本組長は重傷を負った。これを受けて山口組関係者宅に銃弾が撃ち込まれるなど抗争状態となる。そして８月25日、藤和会山下組組員二人が、山浩組事務所近くにいた京都府警巡査部長を会津小鉄系組員と誤認して射殺するという事件が起こる。

この事件が、のちに渡邉五代目の使用者責任問題に発展することになる。

兄弟盃

これら一連の事件の原因がすべて中野会の京都進出にあるというわけではないが、中野会が問題視されるのは、しかたない面もあっただろう。

実は、中野会長が八幡市に私宅を構えて間もない頃、四代目会津小鉄の高山登久太郎会長が訪ねたことがあったという。すでに会津小鉄と中野会の枝の若い者たち同士で小競り合いが起こっていた時期である。高山会長は中野会長にこういった。

「京都から手を引いてもらえませんか？　それなりのことはさせてもらいまっさかい」

この話を私は直接、高山会長から聞いている。要するに「カネを払うから少しおとなしくしてくれ」ということである。

中野会長はこれに感激し、カネは辞退して「若い者に注意する」と答えている。

「御当代である高山さんが私などに頭を下げるというのは、このカネ以上の価値があります。若い者たちには気をつけさせます」

そういったのだが、あとで若い衆からはブーイングが出たと聞いている。

「親分、あのカネ突き返したんでっか？」

4億とも5億といわれていた。

「アホ！　カネカネいうんやない。わざわざ当代がカネを持ってきたんやから、たいしたもんや。お前らも、会津としょもないケンカはするな」

高山会長の行動力と資金力に敬服した中野会長は、その後も高山会長とは親しくしており、なおさら理髪店事件は禍根《かこん》が残ったようだ。

理髪店事件の5カ月前、1996年2月には、相次ぐ若い者たちによるトラブル解消のために異例の対策が取られている。

桑田兼吉組長と、広島の四代目共政会《きようせい》・沖本勲会長《おきもといさお》、そして四代目会津小鉄・図越利次若頭による歴史的といえる五分の兄弟盃が交わされたのである。実は、この盃に中野会長も宅見勝若頭から誘われていたという話がある。中野会長は「性に合わない」と固辞したと聞いた。

京都のヤクザと山口組

ここで会津小鉄と山口組の歴史についても、ふれておきたい。

京都では、名跡《みょうせき》である会津小鉄が「三代目会津小鉄会」として1975（昭和50）年に復活する前から、地元組織と山口組との争いは絶えなかった。

組織としての会津小鉄は、幕末期に京都の会津《あいづ》藩屋敷で働いていた博徒「会津の小鉄」こと上坂仙吉《こうさかせんきち》が1868（慶応4）年に立ち上げたとされる。この年は、年明けの「鳥《と》羽《ば》・伏見《ふしみ》の戦い」を緒戦とする戊辰《ぼしん》戦争が勃発、秋には明治新政府により元号が明治に改められた。

上坂は、この鳥羽・伏見の戦いに500人の子分を連れて参戦、敗走の際に放置されていた会津藩の戦死者の遺体を葬《ほうむ》っているとされる。

まさに激動の時代を生きた小鉄は、賭場荒らしでも知られ、左手は親指と人差し指だけで、全身に70カ所以上の刀傷があったといわれる。

上坂が1886（明治19）年に41歳で病没すると、実子の上坂卯之松《うのまつ》が跡目を継いで「二代目会津小鉄」を名乗るが、1935（昭和10）年の卯之松の死去後は名跡が途絶えていた。

そして1975年に名跡を復活させたのが、二代目中島会・図越利一会長である。中島会は会津小鉄の流れを汲《く》む博徒組織で、1960（昭和35）年に中島源之助《げんのすけ》初代の跡目を継いで二代目中島会会長を襲名したのである。

のちに図越会長は、いろは会や中川《なかがわ》組など主だった京都のヤクザをまとめあげて「中島連合会」を発足させているが、これは源之助初代の遺志であった。

中島連合会は、図越会長ほか、橋本圓次郎《はしもとえんじろう》（いろは会会長）会長代行、中川芳太郎《よしたろう》（中川組組長）・篠原梅松《しのはらうめまつ》（篠原会会長）・大島岩蔵《おおしまいわぞう》（北新会会長）の各副会長、そして高山登久太郎（中川組若頭高山組組長）幹事長など、京都を代表するヤクザの親分衆が名を連ねていた。

一方で、この頃も京都のヤクザと山口組の抗争は続いており、特に京都の旧市街の縄張り争いから発展した1962（昭和37）年の「木屋町《きやまち》事件」は、繁華街である木屋町で多数の死傷者を出し、国会でも取り上げられている。

この抗争では、田岡三代目と図越会長による手打ちが行なわれた。田岡三代目はこの席で「山口組は京都の旧市街には新たに進出しない」と確約したといわれている。これが「不可侵協定」である。

図越会長はこの手打ちでの手腕を買われたこともあり、名跡の復活と、「三代目会津小鉄襲名」を周囲から望まれることとなる。最初は固辞したものの、再三の要望を受けて「三代目会津小鉄会」会長に就任したのだ。

図越会長は、反目し合うはずの田岡三代目とも意気投合しており、「不可侵協定」の締結も可能だったのだと思う。

それからしばらくは静かだったが、昭和から平成にかけてまた騒がしくなる。山口組は拡大路線を続けていたので、組員はやたらと多い。その上にバブルが崩壊して景気が悪くなっていったため、新しいことを始めなくてはならなかった。

そこに追い討ちをかけるように1992年、暴対法が施行された。ヤクザにとっては死活問題だ。バブルの責任をすべてヤクザに押しつけるような話であり、バブル崩壊後の「失われた20年」すなわち平成不況もあって、ヤクザのシノギは細くなっていくのである。

ヤクザ初の使用者責任問題

三代目山口組・田岡一雄組長と二代目中島会・図越利一会長による「不可侵協定」は、田岡三代目亡き後も暗黙のルールとしては存在していたはずであった。山口組側から見れば京都不可侵体制である。

京都の上京区《かみぎよう》を含む中心地である「旧市街地」には、堂々と組事務所を置く山口組関係者は少なくとも表向きにはいなかったし、中野太郎会長のように京都に住むといっても八幡市内など旧市街地からは外れている。

だが、会津小鉄と山口組の若い者たちの小競り合いは続いており、そうした中で、前述した会津小鉄の関係者と勘違いして警察官を誤射してしまうという事件が起こった。

この問題もあって、事件の翌年である1996年2月の兄弟盃となるのだが、和平への道は遠かった。繰り返すが、この年の7月には会津小鉄会系組員が中野太郎会長を銃撃する事件も起こっている。

そして前年の警察官の誤射事件は、ヤクザ初の「使用者責任問題」として法廷で審理されることになった。事件から3年を経た1998（平成10）年に、遺族が損害賠償請求訴訟を起こしたのである。

暴対法が破壊力をともなってヤクザに迫ってきた。

訴えられた渡邉五代目

１９９５（平成7）年8月25日未明、京都市左京区の四代目会津小鉄会系山浩組の組事務所近くで、京都府警下鴨署生活安全課の巡査部長（当時44歳、死亡後に警部昇進）が銃撃を受け、死亡した。

翌日、京都府警は山口組系組員で実行犯と運転手を殺人容疑などで逮捕した。実行犯は巡査部長を「会津小鉄の関係者と間違えて撃った」と供述しているが、運転手まで逮捕したことに司法関係者からは疑問の声も出た。

京都府警によると、巡査部長は山浩組事務所前で「警戒中」とのことであったが、そのわりには死亡当時は私服姿で防弾チョッキも身に着けておらず、（パトカーの目印である）赤色灯の設備のない一般車の傍《かたわ》らに立っていた。

これでは「警戒中」には見えないし、ヤクザと間違えられてもしかたないと思うが、ヤクザによる警察官の射殺はやはり大事件である。のちに実行犯と運転手は、それぞれ懲役18年と7年の刑が確定、服役している。

当時の京都は、先にもふれたように山口組系組員による会津小鉄系事務所への発砲をきっかけに、連続発砲事件が相次ぐ抗争状態であった。京都府警では１０００人体制で捜査や警戒にあたっていたとされる。

巡査部長の遺族は事件から3年後に、実行犯らが所属していた組の組長（のちに引退）とともに、当代である五代目山口組・渡邉芳則組長に対して共同不法行為や使用者責任などを問い、損害賠償を求めて提訴した。

この訴訟では、ヤクザ組織に対して「事業性」を問えるかどうかが争点となり、大きく注目されたが、司法関係者らからは「そこまでやるのか」という声も聞こえた。

とはいえ「暴力団に事業性は問えず、使用者責任は発生しない」などと声を上げる法律家はいない。「暴力団を庇《かば》っている」と批判されるのがオチだからである。

だが、一審の京都地裁は、２００２（平成14）年9月の判決で渡邉五代目の使用者責任は認めなかった。渡邉安一《やすかず》裁判長（判決日は神戸地裁に転任のため代読）は、実行犯らと所属する組長には約８０００万円の支払いを命じたが、渡邉五代目に対する使用者責任や共同不法行為責任の請求は棄却した。

判決文には「上位の組の組長、さらに頂上にある指定暴力団の組長の支配・監督関係は組織的には間接的、物理的・人的には拡散的で、末端の傘下組織になるほど上位組織組長の指揮命令系統から遠い存在にあると考えられ……」（平成10年［ワ］第２２５４号損害賠償請求事件）とある。

つまり、「指定暴力団組長の傘下組織組員への支配は間接的で、もとは傘下組織固有の原因による紛争であり、渡邉組長の使用者としての関連は認められない」と判示しているのだ。

また、共同不法行為責任についても、「襲撃は、直前に発生していた抗争事件の報復だった」とした上で、「短時間に誤射殺事件の発生が危惧されるような状況とは認められない」として退《しりぞ》けた。

一審判決を受けて原告側は控訴、マスコミも判決を批判した。

一方で、報道によれば、一審・二審とも裁判所は和解を勧めている。渡邉五代目側も見舞金の支払いに応じるとしていたが、遺族側が拒《こば》んでいたとされている。

裁判所が和解を勧めるのは常であるが、もとより遺族側はカネ目当てでないことは、巡査部長の死から3年を経ての提訴であることからもうかがえる。警察が無理に提訴させたのではないか。

一審判決に対する批判の影響もあったのだろう、二審の大阪高裁は渡邉五代目の使用者責任を認めた。一審で請求が認められた3人とともに、約8000万円を支払うように命じたのである。

渡邉五代目側は上告していたが、最高裁も2004（平成16）年11月に渡邉五代目の使用者責任を認め、上告を棄却した。

暴力団は「事業」なのか

トラブルに対して、当事者の家族や上司にその「責任」を問うことは、日常生活でもよくあることである。ただし、これはほとんど道義的な責任であって、法律的な責任ではないのである。

だが、これを応用してヤクザの親分に子分の責任を取らせようという意見は以前からあった。それでも、以前は「そこまでしなくても」という声が司法にあったと思う。

そこで出てきたのは、「暴力団」を「事業」、「親分」を「使用者」、「子分」を「被用者」とするウルトラCであった。

民法は「使用者等の責任」について次のように規定する（出典／総務省行政管理局）。

第七百十五条　ある事業のために他人を使用する者は、被用者がその事業の執行について第三者に加えた損害を賠償する責任を負う。ただし、使用者が被用者の選任及びその事業の監督について相当の注意をしたとき、又は相当の注意をしても損害が生ずべきであったときは、この限りでない。

2　使用者に代わって事業を監督する者も、前項の責任を負う。

3　前二項の規定は、使用者又は監督者から被用者に対する求償権の行使を妨《さまた》げない。

過去の判例では、この使用者責任が成立するには、①ある「事業」のため、②使用している他人が、③その事業の執行につき、④第三者に損害を加える、という4つの要件が認められなければならない。

2004年11月の最高裁判決でも、北川弘治《きたがわひろはる》裁判長は「組の威力を利用した資金獲得活動に関し、組長と組員は使用者と被用者の関係にある」として渡邉五代目の使用者責任を認め、さらに「抗争自体を組長の事業そのものとみることも可能」とする裁判長の補足意見も付された。

抗争を「事業」であるとする最高裁の判例は、その後のヤクザの使用者責任にも大きく影響を与えることになる。

また、山口組組員の行動規範を定めた「綱領」が、「意思決定の体制が整備されている証拠」であり、「渡邉組長または五代目山口組執行部の意思が各下部組織の組長を通じて下部組織及び下部構成員に徹底されている」とした。

「山口組は侠道に則《のっと》り国家社会の興隆に貢献せんことを期す」で始まる山口組綱領は、田岡三代目が制定したもので、組員の心がまえの基本である。今でも毎月総本部で開かれる定例会（幹部会）や、組の行事の際には全員で唱和するとされる。

親分の意思決定が徹底されているといえばそうかもしれないが、組員の「心がまえの基本」であり、犯罪につながるものではない。

また、より具体的な行動を定めた「告」についても、「他団体との抗争発生の場合の報告義務を定めている」ことを根拠に、下部組織の対立抗争に関して、トップである渡邉五代目が「対立抗争を現実に指揮監督することができる地位にある」とした。

このような組織内規定があるからといって、使用者責任まで問うのは強引というほかはないだろう。そもそも結論ありきの裁判であり、提訴のときから渡邉五代目の「使用者責任」は既定路線だったのだ。

だが、裁判としては勝ったものの、組長の使用者責任を認めるには、暴力団員の行為が

「暴力団の事業」として行なわれていたことなどを証明しなければならず、実務的には容易ではなかった。

そこで２００８（平成20）年に暴対法が改定され、「暴力団員」が脅迫など「威力」を利用して資金獲得行為を行なった場合には、トップの責任を追及できるようになったのである。脅迫などの事実があれば、「暴力団の事業」として行なわれなくても責任を追及できるのだ。

法律をねじ曲げる「対ヤクザ司法」

暴対法（威力利用資金獲得行為に係る損害賠償責任）では、次のように定める。

第三十一条の二　指定暴力団の代表者等は、当該指定暴力団の指定暴力団員が威力利用資金獲得行為（当該指定暴力団の威力を利用して生計の維持、財産の形成若《も》しくは事業の遂行のための資金を得、又は当該資金を得るために必要な地位を得る行為をいう。以下この条において同じ。）を行うについて他人の生命、身体又は財産を侵害したときは、これによって生じた損害を賠償する責任を負う。ただし、次に掲げる場合は、この限りでない。

一　当該代表者等が当該代表者等以外の当該指定暴力団の指定暴力団員が行う威力利用資金獲得行為により直接又は間接にその生計の維持、財産の形成若しくは事業の遂行のための資金を得、又は当該資金を得るために必要な地位を得ることがないとき。

二　当該威力利用資金獲得行為が、当該指定暴力団の指定暴力団員以外の者が専《もつぱ》ら自己の利益を図る目的で当該指定暴力団員に対し強要したことによって行われたものであり、かつ、当該威力利用資金獲得行為が行われたことにつき当該代表者等に過失がないとき。

すなわち組員が脅迫などによって、他人の生命や財産を侵害したときには、事件に直接関与していなくとも生じた損害を組織のトップが賠償するということである。

すでにいくつかの裁判でこの条文が使われているが、やはり強引な印象は否めない。

たとえば2017（平成29）年6月に住吉会のトップらに計約7億1500万円の損害賠償を求めて全国の中高年43人が提訴した案件では、原告側弁護団は訴訟の法的根拠として、暴対法第31条の2と民法第715条の双方を挙げている。

だが、このケースは組員が「暴力団の威力」を利用した資金獲得行為ではなく、単なる詐欺《さぎ》であった。「債券を購入する権利が当たりました」などと電話でいわれ、その債券を買う費用を詐取《さしゅ》されたというものである。電話を受けたおじいさんやおばあさんは、「ヤクザが怖くて」カネを出したのではなく、ウソの儲け話をもちかけられ、「儲かりますよ」と甘い言葉で誘われてカネを出しただけである。

この提訴の問題は、訴訟提起の論理が一般市民ではなく、法律のプロである弁護士によるものということだ。「ヤクザに対しては、法律をねじ曲げてもよい」という乱暴さである。どうしてもトップの責任を問いたいのであれば、民事での使用者責任の追及ではなく、「指揮命令」の事実を明らかにして刑事で追及すべきものである。本件では、それができなかったから、被害者を説得して民事裁判を起こさせたのだ。

法的根拠とした条文の対象者は「被害者のおばあさん」ではなく、詐欺グループ内の「カタギのメンバー」だ。

「一連の詐欺事件は、カタギの共犯者がヤクザを『怖がったこと』で起こった事件であり、その元凶は組長だから、責任を取れ」という構図である。

これはもはや詭弁《きべん》ですらなく、単なるデッチアゲなのであるが、原告側弁護団は、このデッチアゲを「詐欺被害者の事後的な救済」や「詐欺事犯の抑止効果」、「ヤクザの資金源対策」を掲げることでごまかし、メディアも無批判にそれを報道している。

なるほど「お金を騙《だま》し取られたおばあさんがかわいそう」という理屈には一理も二理もあるし、「子分のしでかしたことは親分が責任を取れ」というのは、道義的にはアリだろう。また、親分衆も今後は「使用者責任」の追及を恐れて配下の者たちの行動をさらに抑制するかもしれない。

だから、この「行動の抑制」は、ヤクザに対する使用者責任訴訟のトレンドとなっている。

法律論を感情的な問題にすり替えるのは「対ヤクザ司法」の常套《じょうとう》手段である。感情的にヤクザに味方する者はほとんどいないから「法律をねじ曲げる」ことの免罪符にできる。

たとえば2010（平成22）年に発生した山口組傘下組員によるキャバクラ放火事件では従業員が死亡しており、2013（平成25）年に六代目山口組・司忍組長らに使用者責任訴訟が提訴されている。

この訴訟は2015（平成27）年に和解が成立したが、提訴に際して原告側弁護団は「トップの責任を問うことで、末端の構成員が市民社会に損害を与えないように統制を厳しくさせる」ことが狙いだと発表した。マスコミや市民を納得させるには十分な感情的な論理である。

だが、何でもかんでもトップの責任を問えばいいというわけではない。

法理論に問題があるだけではなく、これではトップになる者がいなくなってしまう。そうすれば、ヤクザは統制のとれない無秩序な存在になり下がる。

住吉会を相手取った２０１７年の裁判に限らず、こうした事件の被害弁済は実行犯がすればいいし、詐欺が「ヤクザの資金源」だというのなら、まず詐取されたカネの流れを立証すべきである。

裁判所は、今後もこうした問題を内心ではわかっていながら、ムリ筋と承知で、審理を進めるであろう。

そして、これらの裁判が「前例」となって、かつてのサラ金業者に対する過払い金請求訴訟のように、あらゆるヤクザ組織が、多額の被害弁済を強《し》いられることになる。

儲かるのは、訴訟を担当する弁護士だけである。

第五章　異様な時代

——司忍六代目は、山口組の置かれた状況をどう捉《とら》えたか

繰り返された裁判

2018（平成30）年5月9日、山口組で若頭補佐や顧問を歴任した芳菱会《ほうりょうかい》（現・國領屋《こくりょうや》一家、静岡県）の瀧澤孝《たきざわたかし》元総長が亡くなった。80歳だった。

この日は大阪高裁で8度目の審理となる「第二次差し戻し控訴審」の判決が言い渡される予定であった。同じ事件で何度も審理が差し戻され、滝澤元総長は2017年3月の「3度目の一審判決」で初めて有罪判決を受けたのである。

弁護団が元総長の体調悪化を理由に、公判手続きの停止を求めたことが報じられた直後の訃報であった。

元総長が亡くなるその日まで、20年近くにわたって「刑事被告人」の立場だったことは、ヤクザやメディア関係者の間ではよく知られている。元総長の死去で公訴棄却となり、裁判そのものがなくなったが、存命であればまだ続いていた。元総長は、以前から肝硬変を患《わずら》っており、「体調の悪化は裁判のストレスが原因」との指摘もある。

なぜ同じ裁判が何度も繰り返されたのか。

この事件は、ヤクザの親分による拳銃所持の明確な指示がない場合をどう判定するかが争点となった。

瀧澤総長（当時）の逮捕は２００１（平成13）年7月。「１９９７年9月19日に配下の組員に実包入りの拳銃を所持させていた」という銃刀法違反の容疑である。

この事件と同様に「配下の者たちに拳銃を所持させていた」という容疑で、初代弘道会司忍会長（現・六代目山口組組長）と、三代目山健組桑田兼吉組長（２００７年死去）も逮捕・起訴されている。当時は3人とも山口組の若頭補佐という要職にあったことも共通しているが、この3人の裁判はそれぞれ異なる結果となった。

3人が逮捕された１９９７（平成9）年は、8月末に五代目山口組・宅見勝若頭射殺事件が発生しており、警察は抗争事件への発展への懸念から山口組幹部らに対する拳銃などの所持を徹底的に捜査していた。

警察とヤクザとの間に緊張感が強まる中、瀧澤総長は、山口組の定例幹部会に出席するため、9月19日に芳菱会関係者らとともに大阪のホテルに宿泊している。このときに司忍会長も宿泊している。

翌20日の朝、瀧澤総長と司会長らがボディガードの組員らとホテルを出ようとしたときに、大阪府警が組員らに一斉に職務質問し、実包入りの拳銃を隠し持っていた組員を拳銃所持の現行犯で逮捕した。事前に瀧澤総長と司会長の二人がこのホテルに宿泊することをつかんでいた府警が網を張っていたのである。

逮捕された組員らは、取り調べで「親分」の指示や関与を否認、「拳銃は自主的に所持していた」とした。

だが、この組員との共謀の容疑で、府警は1997年11月に瀧澤総長と司会長を指名手配、翌1998年に司会長、2001年に瀧澤総長が逮捕されている。

逮捕された二人は、「拳銃所持を指示したことはない」と否認を続けた。

指示を裏付ける証拠はまったくなかったが、一連の裁判は、歴史的にも奇妙な経過をたどっていく。

2001年9月に起訴された瀧澤総長は、2004年の一審（大阪地裁）で無罪判決を受ける。理由は「いつ拳銃を持つように命令したかどうか証拠がない」、すなわち「ヤクザであっても指示した証拠がなければ無罪」ということであるが、今ではこうした判決が出せるかどうか。

当時はそれなりに説得力のある判決であり、その後の同2004年3月の二審（大阪高裁）も無罪であった。

だが、2009年の上告審で最高裁は審理を一審の大阪地裁に差し戻す。要するに「ヤクザなんか無罪にできるか。裁判をやり直せ」ということである。

だが、2011年5月、大阪地裁は新たな証拠調べを経た上で、また無罪を出す。これは最高裁に叛旗《はんき》を翻《ひるがえ》したも同然であり、なかなか興味深い判断である。

当時の報道も、「刑事訴訟法上、検察側は控訴できるが、3度の無罪判決が出たことを重く受け止めて対応を決めるべき」とする識者のコメントを載せている（朝日新聞　5月25日付）。

大阪地裁のこの判断については、当時は「大阪は不良も多いので、裁判所も含めてヤクザに厳しくないから」あるいは「大阪には『東京（の最高裁）がなんぼのもんじゃい』という意識があるから」などと噂された。

だが、2013年の二審（大阪高裁）は、この2度目の無罪判決を地裁に突き返す。またもや差し戻しであり、最高裁もこれを支持した。この裁判の過程で、瀧澤元総長は2008年に山口組執行部を退任、顧問に就任している。

そして、この差し戻しの繰り返しを受けて、2017年3月になってようやく大阪地裁が懲役6年（求刑は懲役10年）を言い渡す。

もちろん瀧澤元総長側は控訴、この二審判決の言い渡しが2018年5月9日に予定されていたのだ。

弁護団が瀧澤元総長の健康問題を理由に延期を申し出たことが報じられ、その日が元総長の命日となってしまった。

有罪と無罪の間

一方、第四章でもふれたが、最終的には有罪判決を受けて服役した司会長も一審（2001年、大阪地裁）では無罪判決を受けている。

「反社会的組織であっても、組員が拳銃を持っていただけで『幹部と意思疎通があった』と推認するのは飛躍がある」という理由である。

だが、二審（2004年、大阪高裁）では逆転有罪となり、「懲役6年（求刑は懲役10年）」の実刑判決が言い渡される。上告審（2005年、最高裁）も二審を支持して有罪が確定した。

なお、司会長は、この裁判が行なわれていた2005年7月に山口組六代目を襲名、12月に収監されて2011年4月に満期出所している。

もう一人、のちに事実上の獄死を遂げる三代目山健組・桑田兼吉組長は、一審から有罪

神戸市灘区の霊園で、先代の墓参りをする司六代目（2011年４月９日 © 共同通信）

判決を受けた。

１９９７年12月、都内で警視庁の検問を受けた際に後続の組員の車から拳銃が発見され、桑田組長も拳銃所持の共謀容疑で現行犯逮捕された。桑田組長の乗っていた車からは、銃は発見されていない。

瀧澤元総長らの事件と同様、本人も組員も拳銃所持の「指示」の事実はないとし、やはり指示を裏付ける証拠は何もなかった。

だが、検察は宅見勝若頭射殺事件などの事実関係から「間接事実」を積み上げ、２０００（平成12）年３月の一審（東京地裁）で懲役７年（求刑は懲役10年）の実刑判決。これが２００１年10月の二審（東京高裁）と２００３年５月の上告審でも支持されて有罪が確定、2004年3月に収監されている。

桑田組長が一審から有罪であったのは、「地方よりも厳格な東京の裁判所だったから……」との話もあるほどだが、決め手となったのは、「スワット」と呼ばれるボディガード組織の存在だったとされる。また、司組長率いる弘道会にも「親衛隊」と呼ばれる組織があったことが確認されている。

瀧澤総長率いる芳菱会にはこうした警護組織がなく、大阪のホテルに宿泊した1997年9月19日も総長が実名でチェックインして部屋にマッサージのサービスを頼み、朝食も部屋まで運ばせていたことなどが裁判でも認定された。それで「組員が厳重に警護していたとは言い難《がた》く、被告人(瀧澤総長)も組員の拳銃所持を認識していたとするには合理的な疑いがある」とされたのである。

なお、桑田組長は服役中に体調が悪化、2007(平成19)年3月に刑の執行停止を受けて大阪の病院に入院したが、4月に病死した。

逮捕から一度も保釈されず、獄にあって健康を害しており、事実上の獄死といえる。これに対して司会長は1999年に、瀧澤総長は2003年に保釈されている。

瀧澤、司、桑田の3名が逮捕された1997年当時、五代目山口組にはこの3名を含め

7人の若頭補佐が在籍していた。当時の資料によると、英《はなぶさ》組・英五郎《ごろう》組長、倉本《くらもと》組・倉本広文《ひろふみ》組長、中野会・中野太郎会長、古川組・古川雅章組長である。

ところが1997年8月28日の宅見勝若頭射殺事件を受けて中野会長が絶縁となり、その後に司会長らが逮捕されたことで補佐の人数が激減、組織の弱体化が懸念された。

だが、2005年7月の司会長の六代目山口組襲名とともに体制も一新され、さらなるヤクザ受難の時代へ向かっていくことになる。

「偽証は検察の指示だった」

もう一つ、昨今のヤクザに対する司法のありかたを示した判決が2017年暮れに示された。

2008年に埼玉県内で発生した山口組と住吉会との抗争（「埼玉抗争」と呼ばれる）に関連し、住吉会系組員射殺の指示をめぐって一・二審で有罪判決を受けていた六代目山口組若中《わかなか》（直参の一つ）である二代目小西《こにし》一家・落合勇治《おちあいゆうじ》総長の上告が、12月19日付で棄却された。これにより総長の無期懲役・罰金3000万円の刑が確定した。

棄却通知が参りました。

年明けには修行の道場に入ります。

宮崎先生には心にかけて頂き有難《ありがと》う御座居《ございい》ました。

検事達の出世欲による、より大物を仕留めたいという醜《みにく》い動機の捏造冤罪《ねつぞうえんざい》事件で、こんな分かり易《やす》い事件はないのですが、裁判官だけには分からない。分かっていてのことか？（笑）先生には体を大事にして頂き、弱者達の為に力を尽くしてやって下さい！

先生、本当に有難う御座居ました。

落合勇治

これは同２０１７年12月22日に、私のもとに届いた落合総長からの電報の全文である。

これまで何度もヤクザの裁判は取材しているが、とりわけ総長の裁判は理不尽の一言であった。検察の不正の疑いも一部で報道されている。

この事件では、直接の物証はない。

「総長から、殺人の報復を指示された」

とする側近だった元組員の証言や電話の発着信記録だけで、総長は有罪判決を受けたのだ。総長は1947（昭和22）年生まれ、すでに古希を迎えた身に無期懲役は重過ぎる。

しかも、二審ではこの元側近が証言を覆《くつがえ》した。

「偽証は検察の指示だった」と法廷で述べたのである。さらに、元側近は指示どおりの証言をしたことで検察官から便宜《べんぎ》供与を受けたことまで明かしたのである。

にもかかわらず、一審判決が覆ることはなかった。そして、最高裁も同様に判断したのである。

総長の電報にもある「検事達の出世欲による、より大物を仕留めたいという醜い動機」がうかがえるが、検察の意図を無批判に受け入れる裁判所にも問題があるというほかはない。

また、この裁判は、何もかもが「異例」というか「異常」であった。

平成に入ってからは山口組の直参が殺人罪で逮捕されたことはほとんどなく、直参である総長の逮捕は実に30年ぶりともいわれる。

また、一人の殺人に対して54人という逮捕者の数も異常であり、公判での厳戒態勢、そして取り調べや審理までもが異常だった。

ちなみに直参とは、本来は江戸時代の徳川《とくがわ》家に直属していた旗本・御家人の総称であるが、ヤクザの世界では組織のトップである組長から直接「盃」を受けた者を指す。

組織によっても異なるが、山口組の場合は組長と若頭、最高顧問、顧問、総本部長、若頭補佐が「最高幹部」とされ、舎弟、幹部、若中を「直参」としている。また、「幹部」は六代目発足後につくられた比較的新しいポストである。

異常な裁判

事件は、10年前にさかのぼる。

2008年3月31日、埼玉・八潮《やしお》市内で小西一家の関係者が住吉会系組織の組員に刺殺された。すぐにカエシ（報復）が始まり、同県・さいたま市や草加《そうか》市内の住吉会系組事務所などが銃撃され、翌4月1日にふじみ野市内の住吉会系組事務所の駐車場で組員Sが射殺される事態となった。

この「埼玉抗争」自体は、翌4月2日に手打ちが行なわれたが、埼玉県警はその後も捜査を続け、2010年1月には落合総長と小西一家の小濱秀治若頭らを殺人容疑などで逮捕する。逮捕者は54人で、そのうち33人が起訴されている。

総長に対する殺人容疑での立件は不可能だったのだが、県警は組織犯罪処罰法違反に容疑を変更して強引に起訴した。なお小濱若頭も、２０１８年６月に最高裁が上告を棄却、無期懲役が確定している。

２０１３年５月に開かれた総長の初公判は、異常な厳戒態勢が敷《し》かれた。さいたま地裁は正門以外が閉鎖され、来庁者全員に対して金属探知機による所持品検査が行なわれたのである。

また、この公判は裁判員裁判であり、そのため「暴力団幹部の裁判員裁判」の問題点も指摘されたが、裁判所はスルーした。これも初のケースで、異例中の異例といわれた。さいたま地検が「裁判員に危険が及ぶ」として、裁判員ではなく裁判官のみによる審理を求めたのだが、地裁は「規定に該当しない」と却下したのである。

総長は起訴内容を否認し、無罪を主張したが、元側近が「すべて総長の指示」と証言したことで、無期懲役・罰金３０００万円の判決を受ける。

だが、２０１５年からの二審で元側近が証言を撤回した。

「『総長を主謀者にしないと、自分の懲役が長くなる』と検事からいわれました」

元側近はこのように述べた。当初は長期刑への不安から検察官の言葉に応じたが、総長を売ったことを後悔しているという。

「総長には、申し訳ないことをしました」

自分が助かりたいために虚偽の自白をしたことを認めたのだが、このときは検察官の対応のほうが注目された。

さいたま地検の検察官は、元側近に対して勾留《こうりゅう》中の食事や入浴などで便宜供与を図っており、「毎日一番風呂に1時間ほど入れた」ことや「ファストフード店で購入した食品を差し入れられた」ことなどが明らかになったのである。

また、なぜか検事が株の売買の取次までしていたことも証言した。勾留中の者に株の取次をするなど前代未聞であり、事実であればこれらも「異常」である。

だが、さいたま高裁は、これらの証言の信用性を否定して一審を支持、最高裁も同様の判断を示したのである。一審の証言が二審で覆されたというのに、そのことについて審理はまったく尽くされず、最高裁の弁論は一度も開かれずに終わった。

そして、この裁判については、もう一つの問題があった。裁判所からの事前リークの疑いである。

2017年12月19日から、総長の関係者にマスコミが接触し、「上告棄却」について問い合わせが相次いだというのだ。通常は裁判所から当事者に通知されるものだが、当事者が知る前にマスコミに漏れていた可能性がある。

もっとも、こうした例は過去にもある。たとえば2010年に収賄《しゅうわい》で懲役2年の刑で収監された鈴木宗男《すずきむねお》元衆議院議員の仮釈放（2011年12月）についても、家族が知る前に報道されている。当時の鈴木元議員の側近らは、記者会見やブログなどで「何も知らされておらず、取材対応で混乱した。当局が一方的にリークしている」と批判している。

異例というか異常なことが多い落合総長の裁判であったが、総長は再審請求の準備に意欲を燃やしていると聞く。今後も注目したい。

なぜ暴排条例が作られたのか

2011（平成23）年10月1日、東京都と沖縄県が暴力団排除条例を施行、全国の都道府県で「暴排条例」が施行されることとなった。

それに先がける形で、8月23日にタレントの島田紳助が「暴力団員との交際」を理由に芸能界からの引退を表明した。「交際」の内容は食事をしたとかメールをやり取りしていたという程度であるが、本人は「僕の中では『この程度』なんですよ。頻繁に密着しているわけでもない、と。でも、この程度で引退しなくてはいけないんです。だから、ほかの芸能人の方々は十分注意していただきたいと思います」と涙ながらに訴えた。

この会見をめぐっては、「『暴力団員』との交際など以前から知られていたこと」とか「『交際』どころか、もっとまずい状況にあるのだろう」などのコメントがネットでも見られたが、いずれも揶揄《やゆ》や憶測の域を超えないものである。

それよりも、実際に何か事件を起こしているわけでもないのに、「暴力団員と付き合ったから引退」ということには違和感しかない。

というか、この会見は「暴力団員」との「密接交際」という言葉を浸透させるためだけに行なわれたのではないかとさえ思う。10月からの全国での施行に向け、暴排条例を印象づけたいという警察の意図が感じられた。

そもそも、なぜ暴排条例は作られたのか。

それは、暴対法が機能してこなかったからだ。暴対法が施行された1992（平成4）年から20年ほどは「暴力団員」の数はほとんど変わっておらず、「これではマズい」ということで、より「暴力団員」を規制するしくみが求められたのである。

警察庁の幹部たちは、そこで「暴力団員」ではなく「一般市民」を規制するしくみを考案した。

紳助のように「暴力団員」と付き合うヤツ、利益を供与するヤツは懲《こ》らしめるぞというしくみこそが暴排条例の発想である。

もっともこの発想自体は新しくはない。第二章で述べたが、三代目山口組・田岡一雄組長が健在の頃に、すでに美空ひばりは田岡三代目が興した神戸芸能社に所属していたことでバッシングを受けている。その結果として、ずっとトリを務めていたNHKの紅白歌合戦の出場を辞退せざるを得なかった。このように「暴力団員と付き合うとこうなる」という事例はいくらでもあったのだ。

それでも紳助のように引退するほどのことではない。美空ひばりは芸能活動を続け、死後ではあるが国民栄誉賞を受けている。

また、当時はそれでもヤクザは生きてこられた。生活の基盤は何とかなっていたからである。銀行など金融機関の口座ほか生命保険の契約、自動車やマンションのローン、住居の賃貸や携帯電話の契約などは、よほどのトラブルがなければヤクザでも問題はなかったのである。

今ではこうした契約はできず、レストランやホテルも入店を断わられることもある。すなわち憲法で保障されている基本的人権が、暴排条例では保障されていないのである。

憲法と条例とどちらが上なのか。暴排条例は、国会ではなく地方議会が制定したことで、条例を優位にすることに成功したのである。

地方議会で「暴力団員を排除する条例を作る」と提案されたら、反対できるわけがない。もし反対したら、「あの議員はヤクザと関係がある」といわれてしまうからだ。こうして全国の都道府県、一部の市町村で暴排条例が制定されたのである。

異様な時代――司忍六代目の発言

暴排条例をめぐって、紳助の記者会見よりもはるかにインパクトのあるインタビュー記事が産経新聞に掲載されたのは、２０１１年10月１日のことだった。全都道府県で暴排条例が出そろった、その日である。

インタビュイー（取材される側）は、六代目山口組・司忍組長であった。

四代目山口組・竹中正久組長の時代までは、ＮＨＫほかメディア各社からのインタビューに適宜《てきぎ》応じていたのだが、それ以降は事実上の取材禁止状態が長く続いた。

山口組は大組織であるために、内部で意見が異なることも少なくなく、それが抗争の火種となりかねない。

「□□新聞で、○○組長があんなことを言っていてケシカラン」などとなれば、軋轢《あつれき》も生じる。

「オレの名前は出すなよ」

山口組関係者が実話誌の記者たちと話をするときには、必ずこういったものであり、記者たちも心得ていた。だから、実話誌の記者たちにとって産経新聞の記事はショックでしかなく、「悔しくて眠れなかった」という声をあちこちで聞いた。

そして、このインタビューから4年後の2015(平成27)年8月には山口組から神戸山口組が分裂、その後にさらに分裂している。これも司組長がインタビューでいう「異様な時代」を象徴していると考える。

ただし、いいか悪いかは別にして、山口組に限らずヤクザの歴史はケンカの歴史であり、対立は歴史の必然でもあるのだ。

産経新聞の報道は次のとおりである。引用に当たり記号や改行など表記の一部を改め、質問部分にはアミ(薄い地色)をかけた。また、原文は「6代目」としているが、本来は「六代目」であり、それも含めての「名」である。長文だが、貴重な記録としてお読みいただきたい。

――全国で暴力団排除条例が施行されるなど暴力団排除の機運が急速に高まっているが、どのように捉えているか。

異様な時代が来たと感じている。

やくざといえども、われわれもこの国の住人であり、社会の一員。昭和39年の第一次頂上作戦からこういうことをずっと経験しているが、暴力団排除条例はこれまでとは違う。

われわれが法を犯して取り締まられるのは構わないが、われわれにも親がいれば子供もいる、親戚もいる、幼なじみもいる。こうした人たちとお茶を飲んだり、歓談したりするというだけでも周辺者とみなされかねないというのは、やくざは人ではないということなのだろう。しかも一般市民、善良な市民として生活しているそうした人たちがわれわれと同じ枠組みで処罰されるということに異常さを感じている。

先日、芸能界を引退した島田紳助さんの件は条例施行を前にした一種のデモンストレーションだったとしか受け止められない。

われわれは日本を法治国家と考えている。俺自身も銃刀法違反罪で共謀共同正犯に問われた際、一審では無罪という微妙な裁判だったが、最高裁で実刑判決が確定した後は速やかに服役した。法治国家に住んでいる以上は法を順守しないといけないとわかっているからだ。今回の条例は法の下の平等を無視し、法を犯してなくても当局が反社会的勢力だと認定した者には制裁を科すという一種の身分政策だ。今は反社会的勢力というのは暴力団が対象だが、今後拡大解釈されていくだろう。

――身分政策というのは？

われわれの子供は今、みんないじめにあい、差別の対象になっている。われわれに人権がないといわれているのは知っているが、家族は別ではないか。

若い者たちの各家庭では子供たちが学校でいじめにあっていると聞いているが、子を持つ親としてふびんに思う。このままでは将来的に第二の同和《どうわ》問題になると思っている。一般の人はそういう実態を全《まった》く知らない。

ただ、山口組というのは窮地に立てば立つほどさらに進化してきた。昭和39年のときもわれわれの業界は終わりだといわれていた。

ところがそれから1万人、2万人と増えた。弾圧といえば語弊《ごへい》があるが、厳しい取り締まりになればなるほど、裏に潜《もぐ》っていき、進化していく方法を知っている。今後一層、襟《えり》を正すために勉強し、山口組は進化していく。

だが、裏に潜ることは山口組としてはあまりよしとしていない。任俠を守っていこうとしているが、取り締まりが厳しくなればなるほど、潜っていかないといけなくなる。それを一番危惧している。暴排条例ができたこと自体はまったく心配していない。

——今後、山口組をどのように運営していくつもりなのか。広域暴力団という形を捨てたり、解散したりする考えはないか?

山口組を今、解散すれば、うんと治安は悪くなるだろう。なぜかというと、一握りの幹部はある程度蓄《たくわ》えもあるし、生活を案じなくてもいいだろうが、3万、4万人といわれている組員、さらに50万人から60万人になるその家族や親戚はどうなるのか目に見えている。若い者は路頭に迷い、結局は他の組に身を寄せるか、ギャングになるしかない。それでは解散する意味がない。

ちりやほこりは風が吹けば隅に集まるのと一緒で、必ずどんな世界でも落後者という語弊があるが、落ちこぼれ、世間になじめない人間もいる。われわれの組織はそういう人のよりどころになっている。しかし、うちの枠を外れると規律がなく、処罰もされないから自由にやる。そうしたら何をするかというと、すぐに金になることに走る。強盗や窃盗といった粗悪犯が増える。

大半の人たちはわれわれを犯罪者集団と突き放していることはわかっている。その一因が私たちの側にあるのも事実で、そうした批判は謙虚に受け止める。

しかし、やくざやその予備軍が生まれるのは社会的な理由がある。そうである以上、俺にできることは、これまで以上の任侠道に邁進《まいしん》する組織にすることだ。ぜい沢を求めて、自分勝手な行動を取る者は脱落する。組員はごく普通に暮らせればいい。そういう人間を一つの枠で固めているから犯罪が起きにくいという一面もある。矛盾しているように聞こえるかもしれないし、なかなか信じてもらえないだろうが、俺は暴力団をなくすために山口組を守りたいと考えている。そのことはこれからの行いで世間にご理解を願うしかない。

――世間の人は暴力団組員が「普通に暮らせればいい」と思っているとは思っていない。

これだけ締め付けられ、しかもこの不況下でぜい沢ができるわけがない。そもそもやくざをしていて得なことはない。懲役とは隣り合わせだし、ときには生命の危険もある。それでも人が集まってくる。昔から言われることだが、この世界で救われる者がいるからだと思う。山口組には家庭環境に恵まれず、いわゆる落ちこぼれが多く、在日韓国、朝鮮人や被差別部落出身者も少なくない。こうした者に社会は冷たく、差別もなくなっていない。心構えがしっかりしていればやくざにならないというのは正論だが、残念ながら人は必ずしも強くはない。こうした者たちが寄り添い合うのはどこの国でも同じだ。それはどこかに理由がある。社会から落ちこぼれた若者たちが無軌道になって、かたぎに迷惑をかけないように目を光らせることもわれわれの務めだと思っている。

——解散はしないというが、警察は暴力団の壊滅を目指しているし、一般市民もそれを望んでいるのではないか。

山口組は他の団体に比べて突出して規模が大きいので、警察は反社会的集団として指弾しやすいのではないか。3万、4万人の反社会的集団というと、警察にとって脅威になるというのは決まっている。警察も山口組を解散し、千人や2千人の組にばらばらにしたいと思っているのだろう。

しかし、山口組の存在でわれわれの業界の治安が守られているという事実がある。山口組を解散し、80の直系組織が個々の団体になった場合、当然縄張り争いが起き、抗争事件が続発している九州のようになるのは間違いない。今はほとんど抗争事件は起きていないし、ほかの団体とも平和外交に徹してきた。だからこそ、山口組を維持することが俺の責任であり、義務であると思っている。

――しかし、過去にはたくさんの抗争事件が起き、一般市民が巻き添えになっているケースもある。

やくざがかたぎに迷惑をかけることは理由がどうあれ許されない。これには一分の言い訳もない。やくざと仲間内のけんかはつきものだったが、すでにそうした時代ではないと認識している。

――警察当局は山口組と、組長の出身組織の弘道会を集中的に取り締まっているが、どう考えるか。

山口組については、多少なりとも法に触れた者が多かったのだろう。法に触れた以上は検挙されても仕方がない。弘道会は山口組若頭の高山（清司《きよし》被告＝恐喝罪で起訴）に代替わりをして、もう6年になる。山口組というのは個々の組が山口組の綱領を守りながらも独立した組織になっている。弘道会がどういうことをしているか把握していない、というよりも関知していない。

――しかし、弘道会は「反警察」の急先鋒とされ、それが集中取り締まりの大きな要因になっている。

弘道会の会長は高山であり、本人が不在のときにうんぬんと述べるべきではないと思でう。ただ、そういう捉え方をされるのは、組織の人数が増え、規模が大きくなったからではないか。弘道会という名前に求心力があるのかどうかはわからないが。昔から反警察ではない。地域で何かやるときは警察に協力することもある。例えば天皇陛下が来られる、著名人が来るから自粛しなさいといわれれば従っている。反警察といわれること自体驚いている。

――弘道会は警察の家宅捜索や職務質問の際に非協力的といわれている。

家宅捜索は、組員とトラブルになったところだけがテレビなどで放映されるので、そういうイメージがついているのだろう。山口組を含めて、六代目の体制になってからは警察に速やかに入り、調べてもらいなさいという姿勢をとっている。昔はどったんばったんやったりして殴られたりもしたが。

――組長の服役中に暴力団情勢は大きく変化した。この間の組織の運営についてどう思うか。

社会不在の期間中は、若い者たちに非常に苦労をかけたと思う。山口組の歴史を守ろうと思うと、時代に即応した順応性が必要だ。執行部はそれに沿って対処しており、俺自身は満足している。時代感覚を的確に捉えていない、時代を上手に理解しなくて自分らの形だけを守ろうとしている旧態依然の感覚の者が落後していったというのは事実で、新旧交代が上手にできたと思っている。前よりも組織がまじめになった。時代に即応した組織づくりをして、俺自身というより本部として求心力を増した。みんなには感謝している。

——山口組は覚醒剤や不良外国人との接触を禁じているが、この方針を守り切れていない状況がうかがえる。

山口組は厳しく覚醒剤と不良外国人との接触を禁じている。

実際、山口組が、薬物の売買や不良外国人との接触を本当にしているのならば、今以上に治安が悪化し、薬物も蔓延《まんえん》しているはずだろう。ただ、末端の組員の一部不届き者たちが禁止事項を破り、われわれの目を盗んで己《おのれ》の欲望を満たすために任侠道の名を汚しているることは紛れもない事実。だから、せめてそういう組員を少なくしないといけないということで麻薬撲滅を標榜している。まず内側から浄化していかないといけないということだ。外部に対して撲滅なんておこがましいことを言っているわけではない。不良外国人たちは今、日本のやくざが行き過ぎだと思える法令、条例が施行されて以降、われわれが自粛している間に東京の池袋や新宿、渋谷、あるいは名古屋、大阪などのたくさんの中核都市に組織拠点をつくり、麻薬、強盗などあらゆる犯罪を行っている。これが今後、民族マフィアと化していったら本当に怖くなるだろう。

こちらもおこがましいが、それらの歯止めになっているのが山口組だと自負している。

——窃盗や強盗などで摘発される組員が増えている。この状況についてどう考えるか。

景気、不景気に左右され、窃盗や強盗で摘発される組員も確かにいる。今後もそのような者が出るようであれば厳しく執行部に指導させていく。しかし、現役の組員はごく一部に過ぎない。新聞には摘発が増えているように掲載されているが、過去に破門、絶縁された者があたかも現役組員のように発表されているためだ。われわれの破門状の郵便消印を比べれば一目瞭然だ。

——破門した人たちの捕捉はしているのか。

ある程度はできるが、きりがない。彼らは1人では何もできないから、破門者同士が集まって徒党を組み、グループをつくっている。それが不良外国人と組んで窃盗をやったり、いろんな犯罪をしている。

——それでは組の資金源はどういうものなのか。

基本は正業だ。揺すりたかりや薬物では断じてない。もともと、山口組の出発点は今でいう港湾荷役の人材派遣業だった。その後、芸能などの興業に進出した。昔から世の中に褒《ほ》められない業種もある。遊興ビジネスなどがそうだが、そういう業種は確実な利潤が見込めないし、複雑なもめごとがつきものだから、大手の資本はリスクを嫌って進出しない。そうした隙間《すきま》産業にやくざは伝統的に生息してきた。今も基本的には変わらない。

建設関係などまっとうな仕事もあるが、今は暴力団と関係があるというだけでそうした仕事はできない。人材派遣も、飲食業もできない。どういう方法で正業が立つかと検討している。

ともあれ、われわれは任侠に生きる者として、人としての矜持《きょうじ》をわきまえ、人の尊厳を守り、いかなる逆風であろうとも揺るぎのない信念で若い者たちを指導していくつもりだ。

以上、司六代目の発言である。世間の「素朴な疑問」に丁寧《ていねい》に答えている司六代目の言葉は一つひとつが興味深いが、基本的なところは山口組が従来から持ってきた矜持であり、哲学である。

かりに山口組が解散したら、どうなるか。

これは、三代目の田岡一雄組長も自伝で、「社会全体が組を失った若い者たちを温かく迎え、職を提供し、その仲間入りをさせてくれるだけの度量と理解を示してくれるというならば話はべつである。数万を越える山口組の若い者たちを、だれがわたしに代わって親身に面倒を見てくれるのか」と述べているとおりである。

また、ヤクザとして生きる自分たちのこと以上に家族や友人、知人が「ヤクザと同じ枠組みで処罰される異常さ」への怒りが吐露されていることは印象に残った。

ヤクザにも最低限の生活は保障されなくてはならないが、ヤクザとして生きることを選んでいる以上、多少の理不尽さは甘受《かんじゅ》しなくてはならないこともある。暴排条例はそれを許さず、家族や親しい者にまで同様に罰する。

ヤクザや殺人犯など「悪者」の家族は、それこそ異様なまでの仕打ちを受け続けている。過剰な暴力団排除の問題は、ここにある。

暴対法はヤクザを取り締まる法律だが、暴排条例は、ヤクザとその家族を世間から排除し、「ヤクザと付き合う市民」を罰するものであり、ヤクザに市民としての生活ができなくさせるものなのだ。

「悪者」の子どもたち

日本では、何か問題があると、その家族も批判されることが多い。

重大事件を起こした犯人の家族は結婚を取り消されたり、会社に居場所がなくなったり、ひどい場合には自殺に追い込まれる。

また、政治家や芸能人の家族が「不祥事」を起こしたとき、なぜか不祥事を起こした当人に代わって政治家や芸能人が「お詫び」の会見を開くことが多い。

なぜ家族を巻き込まなければならないのか、まったく理解できないのだが、日本のメディアにとって、本人が悪ければ家族の謝罪は不可欠である。

「社会をお騒がせして申し訳ない」と、どうしてもいわせなくては気が済まないようだ。

そして、親がヤクザや殺人犯などの「悪者」の場合は、さらに追い込みが激しくなる。

司六代目が産経新聞のインタビューで指摘したとおり、ヤクザの子どもたちの多くは学校でイジメに遭《あ》っており、最近では入学を拒否されることすらある。

第三章でも紹介したが、以前、田岡一雄三代目の一人娘の由伎さんと対談させていただいたことがある（『ラスト・ファミリー』）。

ここで由伎さんは、「『ヤクザの娘』とは、そんなに珍しい人種なのか？」と話していた。田岡三代目はヤクザとして「有名人」であったから、由伎さんの苦労は並大抵ではなかっただろう。

私の場合は、父親が地元の親分としては知られた存在であり、むしろ「ぼん」として好きにやってこられたのだが、それでも理不尽な思いをしたことは一度や二度ではない。

それもあって、私の母は私たち子どもの教育に熱心で、私たちが「特別な世界」にいることを実感させないようにしてくれていた。とはいえレベルの高い教育を受けることで、かえって自分の家庭環境が「特別」であることを自覚することにもなってしまった。

私の「学友」とその家族たちの大半は、ヤクザとも刑務所とも無縁である。子どもに責任はないのだが、なんとなく居心地の悪さを感じるようになっていくのである。

それでも由伎さんや私は親の愛を受けて育っているので、心のよりどころはあると思う。

そうでない子どもたちのほうが多いのである。

ヤクザになる男たちとは、多くが家庭に恵まれず、あたたかい家庭に憧れてはいるものの、愛し方がわからない者がほとんどである。

かつてはカネで「愛」を補《おぎな》うこともあったと思うが、昨今の暴排条例でシノギがきついために、それもかなわない。ますます「あたたかい家庭」が遠くなり、子どもたちも父親と同じ方向へ行ってしまう。

さらには「貧困暴力団」の問題も出てくる。

貧困暴力団

「組の運転資金が乏《とぼ》しく、金が必要だった」

2017年7月、スーパーで米やスイカなどの食品や日用品を盗んで逮捕された組員は、こう明かしたという。

この事件は、「ヤクザが万引きするほど困窮している」として話題になったが、このほかにも「キセル乗車」や生活保護の不正受給など「ヤクザらしくない」事件も相次いでいることが報じられている。

暴排により正業から締め出された者たちが犯罪に走るのは当然であるが、NHKなどはこれを「貧困暴力団」と呼び、新たな脅威と位置付ける。

報道によれば、困窮のあまりヤクザたちが窃盗のほか違法薬物、オレオレ詐欺、密漁などに手を染めているというのだが、これらのシノギは昔からあったもので、「新たなシノギの脅威」というほどのことでもない。過去には、こうした犯罪に加えてヤクザたちによる強盗事件も起こっている。

暴排によってヤクザたちが正業を奪われて困窮しているのは事実であるが、新しいネーミングで世論を煽《あお》りたいだけという気もする。

すなわち「貧困暴力団」を生んだのは、メディアであり過剰な暴力団排除である。

そもそもヤクザといってもいろいろであり、生き方に定義はない。

たとえばヤクザの源流といわれる江戸時代の幡随院《ばんずいいん》長兵衛《ちょうべえ》のような町奴《まちやっこ》から、ヤクザ映画に登場するヤクザ、テレビの刑事ドラマに出てくるヤクザ、初代山口組・山口春吉のような港湾荷役労働者の親分、そして経済ヤクザまで、みんな「ヤクザ」であっても、そのありかたは違うのである。

共通点があるとすれば、「任侠」ということになるが、今は食うことに精一杯で任侠どころではないというのが、大半のヤクザの事情であろう。

それに、一部の親分衆をのぞき、そもそもヤクザはそれほど裕福ではなかった。

たとえば、映画『仁義なき戦い』(広島死闘篇、1973年)では、「自分はうまいものを食っていい女を抱くために生まれてきた」つまり「そのためにヤクザをやっているのだ」

と千葉真一《ちばしんいち》にいわせている。その程度が「ヤクザの幸せ」だったのだ。

例外は1980年代の不動産バブルの前後の時期くらいである。当時は20代の組員でも財布に100万円くらいは入っていた。

逆にいえばその頃だけなのであるが、経済ヤクザたちがメディアをにぎわせることで、なんとなく「ヤクザ=リッチ」と世間的にも刷り込まれたのだと考える。

もちろんヤクザたちもバブルによって金銭感覚を変えられてしまった。黒いスーツにロレックスをつけてベンツをころがすようなヤクザは、バブル期の幻影に過ぎなかったのである。

幻想といえば、「ヤクザは人を殺す」というのもレアなケースになってきている。たしかに昔のヤクザはすぐに殺したりして、荒っぽかったが、今は重罰化もあり、ヤクザによる殺人はほとんど起こっていない。

『警察白書』などによれば、1954(昭和29)年の3081件をピークに殺人事件の件数は減少を続けており、全国の警察が2017年の1年間に認知した殺人事件(未遂を含む)は過去最少だった2016年より25件多い920件と報告されている。

2013年の殺人事件が939件となって、初めて1000件を下回ったときは注目されたが、その後も多少の変動はあってもほぼ１０００件以下で推移している。

また、これらの事件の大半は親族間によるものである。ヤクザにとっては人を殺すことも計算してのことであり、重罰化している現在は簡単にはやらないし、やったとしても自首しない。

殺人などの凶悪事件は減る一方で、薬物などの非合法のシノギは減る気配はない。これもまた昔からあるシノギである。

それでも親分が「やめろ」といえばやめる子分もいる。ヤクザの存在意義はそこにあったのだが、ここまで困窮すると黙認せざるを得ないという親分が出てくるのはしかたない面もある。

ヤクザの力が弱まれば、警察が把握できない不良たちが抬頭してくるのは自然の動きである。最近は素人でもインターネットで違法薬物を入手できるなど、売買が簡単になっている。

これに対して、密漁にはダイビング用品やボートなどの設備投資が必要な上に、参入しているヤクザが増えているので、ややハードルは高い。

それでもやりたいヤクザが後を絶たないのは、罰則が驚くほど軽いからだ。

密漁は懲役3年以下または200万円以下の罰金だが、「覚せい剤取締法」違反の最高刑は無期懲役なので、リスクとしては比較にならない。密漁のリスクはダイバーがたまに溺死《できし》することくらいである。

こうした非合法のシノギを称賛するものではないが、他にシノギがなければしかたないのである。

「悪い存在」を排除しても「もっと悪い存在」が出てくる

ヤクザをやめられる者は、とっくにやめている。

今のヤクザは若い者を抱えた責任のある立場の親分か、行き場のない者である。

やめたところで、何もできないヤクザがほとんどである。

特に大多数の暴排条例が規定する「暴力団員でなくなったときから5年を経過しない者」を「暴力団員」とみなす制度がある以上は、難しい。

この5年間をどう生きろというのか。

それに、5年を経たところで急に食えるようになるわけでもない。「元暴力団員」というレッテルは一生ついてまわる。

にっちもさっちもいかなくなれば、さらに新しい犯罪にも手を出すだろう。

たとえば2016年に全国の約1700台のATMから18億円あまりのカネがいっせいに引き出される事件などは、その象徴である。

犯人たちはアフリカの銀行の顧客管理システムに侵入して偽造カードを作り、無料通信アプリLINE《ライン》を使って連絡を取り合っていたと報じられたが、全容はわかっていない。わかっているのは、国内外のハッカーとアウトロー、その周辺者が連携した新しい犯罪ということだけだ。

覚醒剤など違法薬物の密輸は、以前から他組織間のつながりが指摘されていたが、多額の不正引き出し事件は聞いたことがなかった。

この事件には、いったい何人が関わっているのか。

人数が多ければ多いほど秘密の保持が難しくなり、取り分をめぐって必ずもめるから、全体を把握しているのは数人のはずだ。それらを可能にしているのがテクノロジーである。

このまま古いタイプのヤクザが消滅したら、日本に平和は訪れるのか。

もちろん、答えはノーである。

私は外国人による犯罪が増加すると考える。海外の犯罪集団やマフィアなどの無秩序な勢力を抑え込む力は、日本のヤクザには残っていない。

２０２０年の東京オリンピックを前に、増加する外国人観光客によるトラブルも増えていると聞くが、今後はさらに増えるだろう。

前回のオリンピック（１９６４年）のときは、ヤクザの親分衆が子分たちに「人相の悪い者はうろつくな」と指示したこともあった。しかし、これからはガラの悪い日本のヤクザ以上に質の悪い外国人の犯罪者グループが跋扈《ばっこ》する。外国人にとっては、ヤクザのいない日本は犯罪天国なのだ。

現在もほとんど報道されないが、万引きや無銭飲食、器物損壊など外国人観光客によるトラブルは後を絶たないという。

これが今後、さらに増える。特に置き引きや車上荒らし、性犯罪は確実に激増する。カフェなど飲食店では荷物を置いたままでは離席できなくなり、コインパーキングや自動販売機は荒らされ放題となる。女性が深夜に出歩くことはできなくなり、落し物は間違いなく戻ってこない。

かつての日本が誇った「平和」はもう取り戻せない。

ヤクザは「悪い存在」には違いないが、存在していることには、それなりの理由があった。その理由を鑑《かんが》みずに排除したところで、「より悪いもの」しか出てこないのだ。

アメリカの「対YAKUZA《ヤクザ》制裁」

日本社会でヤクザなど反社会的勢力への排除圧力が高まっているが、これは国際的な傾向だ。特に欧米では容赦ない排除が続く。

2011年7月、米オバマ大統領による「国際的組織犯罪に対する戦略」が発表された。この「戦略」とは、イタリアのマフィア組織、メキシコの麻薬密売組織、旧ソ連圏を拠点とする犯罪組織、そして日本の「YAKUZA」の「4組織」に対して、米財務省が口座の凍結・資金の没収などの経済制裁を科すとするものである。

米国のギャング、アル・カポネ（1899 - 1947）の逮捕も売春や殺人ではなく脱税容疑であったことは知られている。ついに日本のヤクザに対しても、「ヤクザ・マネー」の流れを押さえる包囲網が作られる……というような話が当初は流布された。

このニュースは日本国内でも大きく報じられたが、「歓迎する」との日本警察幹部の声を一部のメディアが伝えたものの、警察庁や警視庁は、公式な見解は一切発表しなかった。国際的な犯罪捜査の連携であれば、政府も警察庁も最大限の協力を惜《お》しまないはずだが、どうもそんな雰囲気ではない。それが取材した記者たちの印象だった。

また、7月の発表の段階では、「YAKUZA」が個別の組織を指すのか、あるいは指定団体をすべて意味するのかを含め、具体的なことが示されなかったことも議論の盛り上がりに水を差した感がある。

それから7カ月を経た2012年2月、米財務省は山口組と幹部2名の実名を挙げ、「麻薬流通や人身売買、資金洗浄など重大な犯罪に関わっている」と発表、経済制裁の対象とした。

このときも日本の警察の公式な「反応」はなく、さらに共同通信などは国内の捜査関係者の間から「（制裁には）実質的な影響はない」「しばらくは様子を見たい」といった冷静な声があることを紹介した。また「山口組には、米国の資産はそれほどないのではないか」とする見解まで掲載している。

すなわち「アメリカ側の発表が盛大だったわりには中身がない」上に、「日本の警察も呼応していない」という印象は否めない。

したがって、日米の捜査の本気度に記者から疑問が出るのも当然であり、私もこの印象を覆すコメントを聞くことができなかった。

「今回の経済措置はパフォーマンスですね」

ある弁護士の分析だが、それには山口組系組織の闇金融問題という「伏線」があった。

2008年4月、阿部信泰《あべのぶやす》駐スイス大使と、パウル・ゼーゲル・スイス外務省国際法局長との間で、マネーロンダリング（資金洗浄）に関し、「没収された資産の分配に関する日本国政府とスイス連邦政府との間の書簡の交換が行なわれた」ことが報じられた。

この「書簡」とは、没収した山口組の犯罪収益金の分配をめぐるものであった。

山口組系五菱会《ごりょう》幹部が、犯罪収益をスイス・チューリッヒ州の金融機関にプールしていた（日本円で約58億円）。そのカネを同州が没収、両政府間で協議した結果、半分にあたる約29億円を日本政府に譲与するというものであった。

このカネは、いわゆる闇金《やみきん》で不当に高い利息を払わされた被害者に分配されたと報じられた。だが、実務として被害者の特定が困難であることも指摘されており、その後きちんと被害回復に充《あ》てられたかどうかは報道されていない。被害者も怖くて名乗り出られないのではなく、自分がどれだけの債務があるか正確に把握できていない例がほとんどである。

多重債務者は複数の業者から借り入れを繰り返しているので、自分でもいつどこでいくら借りているかわからない。また、五菱会は五菱会の名を出さずに無関係の業者を使っている。

さらに五菱会関係者の逮捕から時間が経《た》っているため、銀行の振込記録が消えている可能性もある。これでは被害者自身が被害の把握ができない。

先の弁護士は続ける。

「被害が特定できなければ、ほとんどが国庫に入るでしょう。それが政府の狙いでしょうね。それに、半分も取り上げるスイスは図々しいですが、アメリカ政府のほうは日本政府に返金していません。結局はヤクザ・マネーをどう取り上げて国庫をうるおすかという話でしょう」

報道によれば、五菱会がらみで外国に隠されていたカネのうち確認できたのは計約100億円で、このうち米国の銀行口座に預けられた約7000万円は米当局が没収したが、米側は「米財務省の基金に入れる」として日本に返還しなかったのである（読売新聞　2008年5月14日付）。さらに、香港《ホンコン》の銀行に送金された約43億円は、シンガポールの銀行などを経由した後の所在がわからず、没収は不可能だとされている。

「米政府がこの没収で、ヤクザ・マネーにいわば『味を占めている』のは事実でしょう。

反社会的勢力の犯罪収益金はこの際、すべて取り上げてしまいたいのだと思います。でも、米政府が山口組について『重大な犯罪に関与している』と大風呂敷を広げてからだいぶ経つのに、その後も誰も逮捕されていません。これはなぜなのでしょうか。本気でやるつもりはないが、口座は押さえてカネは取ろうというつもり、といわれてもしかたないのでは?」

その後、米財務省は住吉会や稲川会についても「武器や麻薬の不法取引や売春、詐欺、マネーロンダリングに関与している」と公表した。

「具体的なことはまったく出ていません。推測だけで口座の凍結までするのは、行き過ぎの感が否めないですね」

たしかに具体的な犯罪の前に「制裁」というのは、どうなのか。

これも「ヤクザだから」というヤクザ罪で片づけられてしまうのだ。

法的におかしくても、指摘すれば「ヤクザを庇っている」と批判されるだけなので、誰もふれたがらない。

一方で、米政府はこうした制裁により、日本政府の「暴力団制裁」が進んでいないことを牽制《けんせい》しているという見方もある。

1992年の暴対法の施行から20年以上を経ても「暴力団」が存在する日本を、アメリカは批判してきた。もっとも、これはマフィアの結社を禁じているイタリアにおいても事情は同じであるのだが。前出の弁護士がいう。

「今回のヤクザへの制裁において、アメリカは『日本側の捜査の遅れ』を指摘しています。たしかに2000年以降だけを見ても、日本国内での指定団体関係者の逮捕は文書偽造などの形式犯が目立ちます。捜査能力の低下といわれてもしかたないかもしれませんが、アメリカの政治や経済に影響するものではないでしょう。やはり資金が目当てなのではないですか。世界的な不況が続く中で、アメリカが反社会的勢力の豊富な資金を狙おうと考えるのは自然なことではないでしょうか。犯罪収益金であれば批判も少ないでしょう」

だが、米政府が日本側に事前に何の打診もなく、いきなり経済制裁を実施したことには、警察庁幹部からもとまどいの声が出ていると聞く。

とはいえ歴史的に見ても、アメリカは常に日本のヤクザに対して強硬な態度を取ってきた。

それは、かつては日本国内のヤクザの影響力が強かったからである。

特に、港湾や建設、不動産業などは米企業の参入が難しく、それをすべてヤクザのせいにしてきた。最大の「参入障壁」はヤクザだというわけである。たしかに、そういう面もあっただろう。

アメリカは、1952（昭和27）年にGHQの日本占領が終わって撤退後も、1960年代の頂上作戦から1990年代の暴対法、盗聴法まで、さまざまな手段で日本政府に圧力をかけてきた。ヤクザという障壁を取り払おうと必死なのである。

第六章　三つの山口組

——分裂問題の行方と、平成の終わり

不穏な噂

山口組が割れるらしい――この不穏な噂を聞くようになったのは、2015(平成27)年のお盆を過ぎた8月20日頃であったと思う。しかし私は、当初はこの情報に半信半疑であった。また怪文書の類《たぐい》だろう……と、その程度に呑気《のんき》に考えていた。なぜなら、それまでも怪文書はたくさんまかれていたからだ。

そもそも暴排条例が全国で施行されてから4年、シノギが細くなるばかりで、組織から離脱したところで何のメリットもない。むしろ離脱組、残留組の双方とも大きなダメージを受けるだけだ。

たとえば山一抗争時のような、街中《まちなか》での銃撃戦が繰り返されて死傷者が出れば、必ず実行犯だけではなくトップに責任が及ぶ。死刑も十分に想定内であるが、ある程度の高齢の幹部にとってみれば無期懲役も死刑と同じようなものである。

昭和の半《なか》ばくらいからヤクザに対する刑罰は年々重くなっており、幹部の長期不在となれば組織の維持は難しくなる。そうなれば、喜ぶのは警察だけである。

一方で、分裂の原因とされる「六代目体制批判」が、以前から流れていたのも事実だ。関連する怪文書は過去に何度もまかれている。

たとえば、２００８年に約10人の直系組長が絶縁や除籍の処分を受けた際にも、「処分に抗議する」とした「怪文書」が流出、今回の離脱の理由と噂される内容と共通する「会費の高騰」や「ミネラルウォーター販売の強要」などへの批判が挙げられていた。

山口組にもカネやメンツ、あるいは人事に対する不満は、おそらく存在するのであろう。しかし、ヤクザに限らず、組織である以上は主流派もいれば、反主流派もいる。誰も不満を持たない組織などありえない。どこの組織もトラブルを抱えながらも何とかやっているのである。

だから、これからも山口組は内輪もめをしながらも何となく続くのだろうと思っていた。ところが、設立１００周年を迎えた年に分裂が起こってしまった。

ヤクザ社会の最大のタブーである「逆盃《ぎやくさかずき》」（親分・子分の盃を返す）という事態に至ったのは、なぜなのか。この背景には、巨大組織が抱かざるを得ない「組織」と「心情」という宿命的なテーマがあると考える。

「あの井上さんが割って出るとは」

報道によれば、２０１５年９月の時点で、構成員約１万人を擁する六代目山口組から約

300０人が離脱している。２００６年に九州誠道会《せいどう》（現・浪川睦会《なみかわむつみ》）が道仁会《どうじん》から離脱した際は約３５０人とされており、今回の分裂が大規模であることがよくわかる。

警察庁『平成29年における組織犯罪の情勢（確定値版）』によると、２０１７（平成29）年末の六代目山口組の準構成員を含めた構成員数は１万３００人、同年８月に離脱した神戸山口組は５１００人とされている。

山口組に限らず、ヤクザ組織は分裂と抗争を繰り返して現在に至っており、それがヤクザであることの証《あかし》ともいえる。

ただ、山口組はヤクザ組織としては大きくなりすぎた感は否めない。

初代山口春吉組長による山口組は40人から50人の沖仲仕を抱えた組織であったといわれるが、最盛期には「４万人軍団」と呼ばれる規模に成長した。

巨大化により、牧歌《ぼっか》的な共同体の側面を持っていた近代ヤクザは終焉《しゅうえん》を迎える。血なまぐさい抗争よりも経済活動が優先され、より厳格なピラミッド型の組織が構築されてきたのである。

神戸山口組の正式な発足は２０１７年９月５日とされる。

朝日新聞は新組織「神戸山口組」の発足を次のように伝えた（２０１５年９月６日付）。

国内最大の指定暴力団山口組（直系72団体）が分裂した問題で、離脱した団体の組長らが新組織を発足させ、神戸市中央区で5日、初の定例会を開いたことが捜査関係者への取材でわかった。新組織には離脱した全団体を含む計14団体が参加するという。

捜査関係者によると、山口組を離脱したのは、最多の約2千人の組員がいる山健組（神戸市中央区）や宅見組（大阪市中央区）、俠友会《きょうゆう》（兵庫県淡路市）など関西が拠点の古参団体を中心とする13団体。これらに山健組傘下だった1団体を加えた計14団体を直系団体とし、新組織を発足させたという。

新組織の組長には井上邦雄《いのうえくにお》・山健組組長（67）、ナンバー2の副組長には入江禎《いりえただし》・宅見組組長（70）、ナンバー3の若頭には俠友会の寺岡修《てらおかおさむ》会長（66）が就任。今後、俠友会の事務所や山健組の関係施設を拠点にするとみられている。新組織は「山口組」の組織名を残した名称をつける方針。山口組を名乗る団体が二つ存在する見通しで、警察当局は今後、両団体の幹部の拠点を中心に抗争を警戒する。

この日の会合には、指定暴力団住吉会（東京都港区）の幹部も訪れた。警察当局は、他団体の合流や協力の可能性もあるとみて警戒を強めている。兵庫県警本部から南西に約400メートルの住宅街にある山健組近くの施設に午前8時ごろから、新組織に参加する団体の組長らが続々と集合。周辺では防弾チョッキを着た警察官ら約40人が警戒に当たった。山健組は山口組内で最多の約2千人の組員を抱え、山口組前組長（故人）の出身母体。現組長の出身母体の弘道会（名古屋市中村区、組員約1千人）への反発を強めていたという。

正式な発表があるまでは、「離脱組」のメンバーの名前も誤報を含めていろいろ取り沙汰されたが、とりわけ井上邦雄組長が山健組を率いて離脱するという話が出たときには、驚きの声が上がった。

井上組長は穏健派で知られ、大阪戦争で長い懲役に行った苦労人である。だから、「あの井上さんが割って出るとは、よほどのことがあったのだろう」とささやかれたのだ。

神戸山口組の発足にあたっての「挨拶状」は、ネット上でも読むことができる。それによると、司六代目体制に「歴代親分を冒瀆《ぼうとく》する行為」（具体的には記していない）が多く、看過《かんか》できないために「神戸山口組」を発足させたという。以下に全文を載せる。なお現物の挨拶状は古式に則り段落や句読点がないが、読みやすさを考慮して適宜、改行した。

御挨拶

謹啓　初秋のみぎり御尊家御一統様には益々御清栄の段　大慶至極に存じ上げます　陳者今般

山口組創立百周年式典も慶事に終《おわ》り　初代山口春吉親分始め五代目渡辺芳則親分まで幾多の苦難を乗り越え現山口組を築かれ　特に山口組三代目田岡一雄親分に於《お》かれましては敗戦直後の最も厳しい中　官憲の重圧にも屈する事なく現山口組の礎をつくられた偉大な親分であります

此《こ こ》に来て我ら同志一同の者相寄り　如何《いか》にすればこの歴史と伝統ある山口組を未来永劫《えいごう》に残す事が出来るか協議を致したる結果　現山口組六代目親分に於かれては表面のみの「温故知新」であり中身にあっては利己主義甚《はなは》だしく

歴代親分　特に三代目親分の意を冒瀆する行為多々あり　此の儘《まま》見て見ぬふりで見過ごしにする事は伝統ある山口組を自滅に導く行為以外考えられず

我ら有志一同の者　任俠道の本分に回帰致し　歴代山口組親分の意を遵守《じゅんしゅ》する為　六

代目山口組を離脱致し
新たなる「神戸山口組」を発足し歴代親分の訓育《くんいく》と魂魄《こんぱく》を忘失《ぼうしつ》する事なく　心機一転肝《かん》
刻《こく》致し新しい神戸山口組に身命を賭す覚悟であります
御諸賢各位に於かれましては　何卒《なにとぞ》我ら有志一同の心衷御察しの上　日頃よりお寄せ頂
き居ります御芳情を持ちまして旧に倍します御指導御鞭撻《べんたつ》を賜ります様《よう》伏してお願い申
し上げます

百拝

平成二十七年八月吉日
神戸山口組
組長　井上邦雄　舎弟一同　若中一同

司六代目の「手紙」をどう読むか

これに対して、六代目山口組司忍組長は、「今回の不幸も新生山口組の時代の始まりととらえ、公私共に柔軟に対応し『道無き道を歩く』、道を切り開くんだという心意気で前向きに歩むことを望む」とする手紙を定例会で配布、離脱を「不幸」として認めた。

こちらも全文を掲載しておく。

昨日長峰《ながみね》霊園（引用者注・山口組歴代の墓がある霊園）にお参りしてきた。先人たちの眠る静謐《せいひつ》な墓前にひざまずき、頭《こうべ》を垂れるのみであった。特に、山健組初代組長、宅見組初代組長の「訓碑」の前に立った時、様々な思いが走馬灯の如《ごと》く去来して発する言葉が無く深く謝るだけであった。

斯道界の現況は皆が知る通り、かつて経験した事の無い重大なる局面を迎えており、我々にとっては最大の試練の時と思う。今こそ一致団結して行動し、道なき道を切り開き歩いて行かなくてはならないこの時期に、この様な内紛をしている場合ではないのである。

山口組はこの百年、想像を絶する苦難と試練に直面したが、その都度《つど》先人の知恵と行動でこの危機を乗り越えてきた。過ぐる日々、山口組には内紛、離脱、分裂等を繰り返して成長してきたその過程の中で、有能な多くの人材を失ってきた歴史の反省と学習があった。人は誰も学習能力がある。彼らはその体験者であるのにもかかわらず、学習能力と反省が無いのかと思うと残念でならない。

我々は先の分裂で多くの尊い命を亡くしたし、その時の献身で今尚、獄にあって苦労されている若者が多くいる。このような分裂行為がある事に対し、弁解の言葉が無いが、これも私の不徳と致すところであり、彼らに申し訳ない気持ちで一杯である。

さてこの数日、離脱者の多くから心情を訴える相談が多数あると聞くが、罪のない若い者、この人達に対しては非を咎《とが》めることをせず、寛容な気持ちで相談に乗ってあげて欲しい。

今、様々な形での噂、流言飛語が飛びかっていると聞くが、真実は皆が一番知るところである。軽挙妄動《けいきょもうどう》を慎み、全組員が連絡を密にして平常通り斯道に励み、この困難な時代にこそ男としての真髄を極めることを希望する。

末尾になるが、今回の不幸も新生山口組の時代の始まりととらえ、公私共に柔軟に対応し「道無き道を歩く」、道を切り開くんだという心意気で前向きに歩むことを望む。

追伸　先代五代姐、宅見先代姐をはじめ、関係者の皆さんには私の不徳と遺憾の意を伝えたことを皆に知らせておく。


過去にも多くの組織で離脱や分裂があったが、トップが「所感」をしたためて書状にするのは初めてのことではないか。

だが、今回の分裂の経緯が読み取れるものではないし、司組長をよく知る人たちによれば、神戸山口組の主張のような「利己主義」はないようにも思える。

そして、これらの文面から、私はもはやヤクザに肉感的な親子関係が希薄になってしまったことを再認識した。

親分、子分、兄弟分といった疑似家族の「心情」よりも、組織が優先されている印象を受けたのだ。いい悪いの問題ではない。組織が大きくなることで、機能が家族から企業へと変容を遂げただけである。巨大組織が抱えざるを得ない宿命なのだろう。

そして、古き良きヤクザを破壊したのは、過剰な暴力団排除であり、警察である。

本来のヤクザとは、地元の顔役であり、全国制覇など目指していなかった。

ところが、警察の弾圧により、ヤクザとりわけ山口組はより強大にならざるを得なかった。1960年代の頂上作戦などの弾圧には勢力を拡大するしかなかったのである。

その結果、「家族」や「哀愁《あいしゅう》の結合体」としての組織ではなく、より強大で効率化された組織となっていったのだ。

「今どき、枝の若い者の顔と名前が一致する親分がどれだけいますかね。どんなに多くても300人が限界。1000人なんて、もう『ファミリー』とは呼べませんよ。だから警察もヤクザを企業と同様に考えて、親分に対して『使用者』なんて概念を使ってくるんです」

すでに故人となった、ある親分の言葉である。

「本来、ヤクザはそこまで大きくなる必要はなかった。地元をしっかり守っていればよかったんです。でも、大きくさせたのは警察ですからね。誰だって、追い込まれれば強くなろう、勢力を広げよう、と思うやないですか。そして、大きくなってしまったら、今度は組織防衛だけに走ることになる。組員の規律をやたら厳しくしてね。それはもうヤクザとは違いますよ。立派なビジネスの組織です」

少なくとも山口春吉初代は全国制覇など夢にも思わなかったはずだ。そして、山口組は弾圧すればなくなると思っていた警察の思惑にも反して、巨大化、寡占化を続けてきた。

だから、今回の分裂についても警察が山口組内の「不満」をうまく利用した気がしてならない。

分裂の噂は、なぜ広がったのか

そもそも離脱やクーデターは、唐突に起こるものである。事前に漏れれば、阻止する動きも大きくなるからだ。

しかし、今回は8月20日を過ぎたあたりから「山口組が割れそうだ」という噂が急速に広まった。「○○の事務所で仮盃が行なわれる」「□□組は神戸山口組に入る」「△△組は入らないらしい」といったさまざまな噂や憶測が飛び交い、意図的に尾ひれをつけて流されているのがミエミエであった。また、比較的確度が高いと思われる情報の多くは、「警察発」であったのも気になった。

さらに8月27日には、神戸山口組の幹部が警察当局側に経緯を「説明」に行ったと報道されたが、こうしたことは過去の離脱でもあったことなのか。

一方で警察庁は、六代目執行部の中心で、司忍六代目組長や高山清司若頭らの出身母体である弘道会の取り締まりを以前から強めており、弘道会に対する山健組の不満を利用しようとしてもおかしくはない。

「警察官に会わない・事務所に入れない・情報を出さない」の「三ない主義」を徹底しているとされる弘道会に対して、警察庁は「弘道会の弱体化なくして山口組の弱体化なし。

山口組の弱体化なくして暴力団の弱体化なし」を掲げて取り締まりを強めてきた。

たとえば弘道会を潰《つぶ》すために抵抗勢力である山健組に着目したのではないだろうか。離脱の中心となった山建組の弘道会に対する不満を警察が煽るような「情報操作」があったとしてもおかしくないと考えている。

今回の分裂騒動は、こうしたことも背景にあると考える。

また、警察庁は各都道府県の警察に「これ（分裂騒動）を機に、ヤクザを徹底的に取り締まれ」とハッパをかけていると聞いている。

興味深いのは、あくまでも取り締まりであり、「壊滅」ではないところである。

警視庁内でも「この際だから徹底的にイジメてやろう」という声があるようだ。ヤクザがまったくいなくなってしまえば、海外のマフィアの天国になる可能性もあり、より行儀の悪い犯罪グループも増える。何よりも警察の予算もつかなくなる。

この取り締まりは「新頂上作戦」といわれ、連日のように山口組以外の組織も含めて多くのヤクザや元ヤクザが逮捕されている。

内部対立を好機として警察が「漁夫の利」を得ようとしているのである。

江戸時代から戦後まで、警察（あるいは警察的な権力）とヤクザは「持ちつ持たれつ」の関係が続いていたことは前述したが、今はそうした関係は薄れてきている。

たとえば、1980年代以降の犯罪検挙率はほぼ35％前後で推移している。単純に計算すれば10人のうち3人程度しか犯人を捕まえられない状態である。

犯罪検挙率とは、逮捕など検挙した事件数を認知件数（犯罪発生を認知した数）で割ったものだが、2017年は刑法犯全体で35・7％と、6割前後が続いていた1960年代から1980年代に比べると半分である。

1992年の暴対法の施行の前後から警察と距離を置くヤクザが増えており、情報提供をしなくなっていることと無関係ではないだろう。以前なら街の顔役としてチンピラや不審者の動向には目を光らせていたものである。

新たな分裂

2015年秋は、この分裂を受けてさまざまな動きが見られた。

六代目山口組側も、神戸山口組側も、多数派工作に動いていると伝えられ、過去に破門や絶縁処分を受けたり、引退したりしていた組員の復帰の噂が絶えなかった。

また、分裂を受けて他団体も動いていた。

10月17日には、道仁会・工藤《くどう》會・太州《たいしゅう》会・熊本會で構成される「九州四社会」が、六代目山口組と神戸山口組に対して、組員の「交友・親睦等の一切を差し控える」とする「四社会統一決定事項」を発表した。これは、末端組織の組員間の交友も認めないとする厳しいものであった。

そして、大規模抗争には発展しないものの、10月6日の射殺事件（長野・飯田《いいだ》）に続き、18日には六代目山口組系と神戸山口組系の組員による暴行事件も発生、11月15日には三重・四日市《よっかいち》で六代目山口組の直参が惨殺される事件が発生している。これは内部の犯行であったが、当然ながら当初は神戸山口組の関与が疑われた。

今回の山口組の分裂の特徴は、銃弾よりも情報が飛び交っていることだが、大規模抗争は使用者責任問題もあって起こりにくいと見られている。

このほか下部組織では小競り合いも続いており、報道されていない小さな暴行事件も含めれば、かなりの頻度で発生している。収束には時間がかかるだろう。

また、２０１６年9月に、JR新神戸駅で「サイン事件」が発生した。

定例会出席のために駅に着いた司六代目らの一行に、神戸山口組系組員が「サインください」といいながら近づこうとしたという。

神戸山口組・井上邦雄組長
© 時事通信フォト

任侠山口組・織田絆誠代表
© 朝日新聞社／時事通信フォト

兵庫県警すらもとまどったという事件であり、行動の意図に関してさまざまな憶測を呼んだ。

兵庫県警は「威嚇《いかく》」と見て、神戸山口組系山健組の事務所など9カ所を「正当な理由なく駅構内に入った建造物侵入容疑」で家宅捜索した。そうするほかなかったのだろう。

そして、このサイン事件は新たな分裂を生む。

2017年春、神戸山口組を離脱した者たちが「任侠団体山口組」（のちに「任侠山口組」に改称）の旗揚げを発表したのだ。「三つの山口組」の出現である。

山口組というかヤクザ組織としては久しぶりの記者会見を開いたことで注目された。また、新組織では「組長」の肩書を使わず、代表を名乗った織田絆誠《おだよしのり》代表は会見に出席していないことが報じられている。

神戸山口組若頭補佐だった四代目真鍋組・池田幸治《いけだこうじ》組長が本部長として発足の経緯などを説明した。報道などによると、織田代表らの離脱は、「名古屋方式」への反発にあるとのことだった。

これは、本部を名古屋に置く弘道会による「金銭の吸い上げ」「当代（司忍六代目）の出身母体の贔屓《ひいき》」「当代が進言諫言《かんげん》を一切聞かない」の三つであり、神戸山口組の発足のきっかけともなったのだが、「神戸山口組の現実は、その名古屋方式にも劣る悪政」であったという。

さらには「サイン事件」への批判もあった。

会見では、「サインください」を指示したのは井上組長で、若頭ほかの幹部には一切話さず、井上組長が会長を務めた健竜会《けんりゅう》の中田若頭代行にだけ命じたと説明された。関係者によると、井上組長の関与はないとの話もあり、真相はわからないところもある。だが池田本部長は、こうした神戸山口組の実態を明かし、「理解と協力」を求めた。

「一つの山口組」に戻れる日はくるのか。

少なくとも司組長はそれを望んでいるといわれ、そのために動いている他組織の親分衆もいる。

だが、ここまでこじれてしまっては、時間がかかるだろう。

また、現在は長老的なフィクサーがいないこともネックとなっている。

そもそも戻れたとしても、シノギは細いままで、ヤクザの受難の時代が終わるわけではない。感情的なしこりも消えることはないだろう。

消えたヒットマン

任侠山口組の織田代表は、四代目山健組副組長を務めるなど若手ホープとして知られ、2015年の分裂後は神戸山口組で若頭代行に就任している。山口組の中でも存在感があり、骨肉の争いゆえに対立の根は深い。

織田代表は、23歳で「山波抗争《やまなみ》」の際に波谷組《はだに》の関係者を銃撃、懲役14年の判決を受けて服役している。

この山波抗争とは、1990（平成2）年6月に始まった五代目山口組と波谷守之《もりゆき》組長率いる波谷組との抗争だが、発端は些細なことであった。波谷組系岩田《いわた》組で盃を受けるはずだったYが、なぜか弘道会系西岡《にしおか》組に入ったことで、岩田組が「メンツを潰された」としてYを射殺したのである。

波谷組長は、もとは三代目山口組の最高幹部だった「ボンノ」こと菅谷政雄《すがたにまさお》組長の舎弟で、菅谷組の解散後に独立した。

だが、1978（昭和53）年7月11に田岡三代目を銃撃した鳴海清《なるみきよし》が所属していた大日本正義団も傘下に入れたことで、山口組内部では批判の声もあったようだ。

当時はYの射殺に対して弘道会もすぐに報復をしている。波谷組系事務所と大日本正義団の本部長宅を銃撃したのだ。

ここから山口組と波谷組の全面抗争に発展、人違いで一般人が射殺される事態となってしまった。

山波抗争は波谷組長が司忍弘道会会長に謝罪して収束した。それまで半年ほどかかっている。織田代表は、この抗争での服役中に井上組長と出会ったとされる。

そして2017年9月には、山波抗争の際には狙う立場だった織田代表が狙われる側となった。

神戸市内を車で移動中だった織田代表ら一行を神戸山口組系のヒットマンが襲い、警護役の任俠山口組関係者が頭部を撃たれて死亡したのである。白昼の住宅街での犯行に、市民は騒然となった。

「撃ってみんかい！」

警護役の組員は、ヒットマンにこう啖呵《たんか》を切ったという。

報道によれば、この組員は織田代表に賛意を表して組織に加入したといい、ヤクザとしては駆け出しのようであった。

それでもヒットマンに立ち向かえるとは大したもので、死んでいなかったらと思う。死後に直参に昇格したと聞いた。

この事件に先がけ、前年の2016年5月に神戸山口組の舎弟頭（当時）の池田孝志《いけだたかし》組長（のちに最高顧問）が率いる池田組の高木忠若頭《たかぎただし》が射殺される事件が起こっている。この件で弘道会系の組員が出頭しているが、神戸山口組はこの事件へのカエシ（報復）は行なっていないようだ。

にもかかわらず、織田代表を狙ったのはなぜか。

若手ホープとして期待していたのに叛旗を翻《ひるがえ》したことで、かわいさあまって……ということなのか。

なお、指名手配されたヒットマンは、2018年6月末日現在でもまだ逮捕されておらず、「すでに消されている」という噂まで出ている。

任侠山口組側によるカエシも行なわれていないが、今後はどうなるか。

抗争となれば、トップの逮捕は必至であろう。

それを避けるために今後は「偽装破門」も増えると予想されている。組をやめて数年を経た者が事件を起こしても、「やめた者のことだから関知できない」といえるからだ。

また、今も「行方不明」といわれている「被害者」や「加害者」もいるが、今後はさらに増えるかもしれない。

こうなってしまったら、「任侠」とはいえないだろう。

それもまた時代の必然なのかもしれないのだが。

ドキュメンタリー映画が描いたリアルなヤクザ

本書の「はじめに」で、私は「ヤクザは世間を反映する鑑《かがみ》である」と書いた。では、いわゆる世間の側、市民やメディアはヤクザをどう受け止めてきたのだろうか。

「ジャーナリズムとは、報じられたくないことを報じることだ。それ以外は広報にすぎない」

イギリスの作家、ジョージ・オーウェルの言葉であるが、日本のマスメディアはまったく逆だ。自覚すらないまま「権力の広報担当者」として存在し続けている。

しかし、この「体質」に染まっていないメディア関係者も皆無というわけではない。

2016年の年明けから公開されたドキュメンタリー映画『ヤクザと憲法』を制作した東海テレビの土方宏史《ひじかたこうじ》監督と阿武野勝彦《あぶのかつひこ》プロデューサーもその稀有《けう》な例であろう。

『ヤクザと憲法』は、大阪の二代目東組《あずまぐみ》（大阪・西成区《にしなりく》）の二次団体である二代目清勇会《せいゆうかい》

（大阪・堺市《さかい》）の組員や、その周辺者の「生活」を半年間にわたって取材、40分のビデオテープ500本分に及ぶ映像記録を96分間にまとめた作品である。

この阿武野・土方コンビによる番組は、以前から注目されてきた。ドロップアウトした中高生の元球児たちを更生させる施設の理事長を取材した『ホームレス理事長 ～退学球児再生計画～』（2013年）が知られるが、阿武野は安田《やすだ》好弘《よしひろ》弁護士を追った『死刑弁護人』（2012年）のプロデュースも手がけている。いずれも映画化され、好評を得た作品である。その縁で、安田弁護士は『ヤクザと憲法』の法律監修も担当している。

2015年3月にテレビ番組として東海地区で放映された『ヤクザと憲法』は大きな反響を呼び、日本民間放送連盟賞「テレビ報道番組」部門で優秀賞を受賞したことで、映画化が可能となったようだ。

東京・東中野のポレポレ坐《ざ》での上映では立ち見が続き、名古屋での上映もすぐに決まった。もちろん警察はかなり緊張感を持ったと聞いている。

ヤクザ社会の事情を知る者にとっては、特に目新しい内容ではないが、高倉健《たかくらけん》や菅原文太《すがわらぶんた》が演じるのではない、リアルなヤクザの姿が映し出される。

その姿こそ、当局が最も報じられたくないものだった。だから真のドキュメンタリー、ジャーナリズムとして観衆に喝采をもって受け入れられたのだろう。

この作品が制作されるきっかけは、土方監督の「素朴な疑問」であった。東海テレビの報道部に配属された彼は、2013年に愛知県警サブキャップとして捜査4課（暴力団犯罪）を担当したが、そのときに見た「暴力団」の姿が自分の想像と異なると感じ、ヤクザの「現在」を撮りたいと思ったのだという。

これに対して、阿武野プロデューサーは当初は難色を示した。暴排条例など、乗り越えなければならないハードルが少なくないからだ。しかし、弁護士などに相談すると、意外にも賛意が多かったという。

そして、撮影にあたり東海テレビ側は事前に清勇会に対して「取材謝礼金は支払わない」「取材テープ等を事前に見せない」「モザイクは原則かけない」の3点を提示し、了承を得ているが、これは取材対象者がヤクザだからということではなく、もともとの制作の取り決めだという。

土方監督によれば、謝礼を払うと「出演者」となってしまい、演出が可能になるからだというが、長期間の取材にタダで応じなければならなくなった取材対象者には同情するほかはない。

「ありのまま」を撮るドキュメンタリーには、取材対象者たちを「ありのまま」に映すための〝しかけ〟が必要だ。土方監督は自らその役に徹し、作中で時折こちらがハラハラするようなこともヤクザに質問する。

「ワカガシラ（若頭）ってのはな、組長の長男や……」

やや面倒くさそうに組織の構成について組員が監督に説明する場面がある。

「そのくらい勉強してこい」というのは簡単だが、率直に尋ねることで、観察はヤクザ社会の独特のしくみを知ることができる。監督は観察を代表しているのである。

また、土方監督は座敷にあった横長のバッグを指さして「マシンガンとか（が入っているのですか）？」と聞き、「テレビの見過ぎ」と呆《あき》れられる。今どきマシンガンをぶっ放すヤクザなどおらず、仮にあったとしても警察に把握されている事務所に置くわけがない。この場面では場内で笑いが起こっていたが、大半は「ヤクザの事務所にマズいものなど置かれていない」とは、考えたこともないはずだ。

土方監督は、わざとではなく「素」で質問しており、なぜ場内で笑いが起こるのか、わからなかったと、のちに明かしている。

法治国家とは何か

ヤクザがふだん何をしているか、一般人が考えたことはないのは当たり前である。もちろん「ヤクザの人権」についても、同様である。

周囲に関係者がいなければ、ヤクザの現実について思いをいたすことなど、そもそもない。カタギなら逮捕されない案件での逮捕や、公共の場で葬儀を行なえない、銀行口座が作れない、子どもが保育園に通えなくなるなどの生活への打撃の数々に、『ヤクザと憲法』の観衆の目は釘づけとなる。

こうした「現実」に対して、土方監督は対等な目線で、直球の質問をぶつける。

「(辛《つら》ければ)ヤクザをやめるという選択肢もありますよね?」

「やめてどこへ行くんや?」

社会で居場所や行き場がなく、ヤクザにならざるを得なかった者たちの「声」が繰り返される。

「ヤクザは社会のセーフティネットとしての機能をとっくに失っている」という警察の常《じょう》套句《とうく》が空々しく聞こえることも、警察にとっては「都合が悪い」のだ。まっとうなドキュメンタリーであることの証《あかし》である。

2016年1月の都内での上映以来、『ヤクザと憲法』は高い評価を受け続けてきた。日本放送作家協会常務理事の高橋秀樹《たかはしひでき》は自身のブログで「東海テレビは性根《しょうね》が座っている」とし、こうした「少数派でしかも多数派から疎《うと》んじられている存在の側に立つことは重大なコンプライアンス違反」と考える大多数のメディアは、もはや死んでいると評した。

しかし、過去においてはこのようにストレートにヤクザに取材した、あるいは本人が発信する作品もそれほどめずらしくはなかった。山口組が原則としてメディアの取材を受けなくなったのは、五代目体制（1989-2005）になってからのことである。それまでは三代目山口組・田岡一雄組長の自伝がベストセラーになり、竹中正久組長の四代目山口組襲名に反対する組長たちが記者会見を開いて取材に応じていた。また、テレビ局も地方のヤクザのドキュメンタリーを撮ったりしている。

山口組が取材を制限したのは、メディアへの発言がトラブルの火種とならないように配慮したためとされる。組織が大きくなれば、意見が異なる者もいるからだ。

一方で、かつては、いわゆる実話雑誌（現在はほとんど廃刊）では、現役ヤクザが表紙を飾り、清勇会の川口和秀《かわぐちかずひで》会長は獄中からエッセイを寄稿していた。また、法律専門の出版社から、無実を訴える川口会長や山口組幹部を支援する書籍も出版されている。

そして、国内以上に海外のメディア、ドキュメンタリストたちは日本のヤクザや右翼に注目してきた。フランスのジャン＝ピエール・リモザン監督によるドキュメンタリー映画『ヤング・ヤクザ（原題／Young Yakuza）』は、２００８年のカンヌ国際映画祭で特別招待上映された。この作品で取材を受けた稲川会直参・碑文谷《ひもんや》一家熊谷《くまがい》組の熊谷正敏《まさとし》組長はカンヌのレッドカーペットを歩いている。

また、カタールの放送局「アル・ジャジーラ」は工藤會の特集を組み、英誌『エコノミスト』はヤクザに密着取材した動画『ジャパン・ヤクザ（Japan's Yakuza: Inside the syndicate）』を公開している。ベルギー人のカメラマンが撮影した画像に英語のナレーションをつけたものだ。

マフィアとは異なる存在のヤクザは、海外では驚きをもって迎えられるが、現在の日本国内での『ヤクザと憲法』に対する反応は、それに近いのかもしれない。それだけ身近にヤクザがいなくなっているのだろうか。

『ヤクザと憲法』に対しては圧倒的に称賛の声が多いが、批判もないわけではない。そのほとんどは「ヤクザに人権などない。法律から外れているアウトローのくせに、憲法だの人権だのというのはおこがましい」という理論である。

だが、それではアウトローに法律が適用できないということになり、裁判も不要になる。ヤクザに限らず、法から外れたことをする者もすべて法律で保護し、かつ束縛するのが本来の「法治国家」である。

また、憲法は「国家権力にルールを守らせるため」に存在している。憲法における人権とは「国家と個人」の関係で議論されるものなのだ。

だから、個人が個人に対して「おまえに人権などない」というのは勝手だが、法律上は何の意味もない。

もっとも、ヤクザのほかにも同性愛者やアジア人を「世の中的にケシカラン」として排除する「常識論」的風潮は今に始まったことではないのだが、最近は排除傾向がより強まっているように感じる。しかし、多くの人はそのことにまったく無自覚なまま、差別する側に立っている。

だから、『ヤクザと憲法』の一番の功績は、ヤクザが排除されている状況について、「いくらなんでも行き過ぎなのでは?」「憲法とは何なのだ?」と観衆に考えさせたことだ。

そして、このことについては結論も、もちろん救いも提示されない。それがドキュメンタリーだからだ。ドキュメンタリーは、戦争や差別などの理不尽な悲しみを切り取らなければ、価値はない。

起承転結もなく、カメラは川口会長を、そして子分たちを追う。清勇会の事務所は、監視カメラが大きいこと以外は、一見すると普通の事務所のようであるが、モニターや応接室の虎の置物などは「ヤクザの事務所」を象徴している。また、組員がカメラに対してイラ立ちを見せたり、若い衆にヤキを入れたり、家宅捜索を受けたりするところは、「いかにもヤクザ」というシーンだ。シノギを思わせる場面もある。

私が印象的だと思ったのは、作品冒頭で映し出される清勇会の事務所のある堺市内の様子だ。周辺には「昭和」の雰囲気が残り、ヤクザがまだ生きていける環境であることが何となく感じられた。

また、「ヤクザが怖くてこの町で商売なんかできない」と笑う居酒屋のおばちゃんや、「マル暴弁護士」として排除される山《やま》之《の》内《うち》幸《ゆき》夫《お》を長年支えてきた事務員など、「女性の存在感」も面白い。この作品では、長く山口組の顧問弁護士を務めていた山之内も取材を受けているのだ。

「マル暴弁護士」が明かしたこと

2015年11月、山之内弁護士の有罪判決（建造物損壊教唆《きょうさ》罪）が確定した。最高裁第三小法廷（岡部喜代子《おかべきよこ》裁判長）は山之内弁護士の上告を棄却、これにより懲役10カ月・執行猶予2年の一、二審判決が確定したのだ。弁護士登録も取り消されることとなった。

容疑は、法律相談を受けた依頼人に倉庫の壁を壊させたというもので、本来であれば罰金刑で済む程度の問題であるが、山之内元弁護士は「『暴力団』の顧問を務めた自分に対する不当な起訴」として争っていた。

「国民感情」としては、「悪者を弁護する者は許さない」「暴力団員に人権などない」という気持ちはわからないでもない。しかし、憲法や刑事訴訟法の趣旨はまったく別である。先に述べたように、アウトローも法に基づいて処罰するのが法治国家であるからだ。司忍六代目自身、産経新聞のインタビューに「法治国家に住んでいる以上は法を順守しないといけないとわかっている」と答えていた（第五章参照）。

山之内元弁護士へのイヤガラセのような排除は、今回が初めてではない。1987（昭和62）年に大阪弁護士会から、暴力団の顧問弁護士としての活動が「弁護士の品位を汚す」として戒告処分を受けたほか、1991（平成3）年には恐喝罪で逮捕・起訴されている。このときは150人の大弁護団が結成され、1997（平成9）年に無罪が確定したが、今回の裁判は国選弁護人だけで戦っていた。

「暴力団」の顧問を務めるにあたっては、こうしたバッシングや起訴も覚悟の上であったのだろうが、『ヤクザと憲法』の中で山之内が自ら心情を吐露する場面があり、興味深かった。

かつて「顧問」の就任を依頼されて悩んだこと、裁判のこと、家族との関係などをカメラの前で淡々と明かしていく。執行猶予期間が過ぎれば弁護士復帰の途《みち》もないではないが、それは選ばないとしていた。

東京弁護士会など国内の複数の弁護士会は、依頼人に反社会的勢力と無関係であることを求めており、司法においてヤクザの排除が進んでいる。山之内元弁護士の有罪判決は、その象徴であり、今後は冤罪事件や不当判決がさらに横行することは間違いない。

この映画が注目されて当局はかなり慌てていると聞いているが、これを見た私たちは、何をすべきか。そもそも「憲法」とは何なのか。

今こそ考えるときである。

カタギはヤクザが好きなのか

『ヤクザと憲法』が評判を呼び、ヤクザに関する書籍が版を重ねているということは、やはりカタギはヤクザが好きなのか……と不思議な気持ちになる。

2018年5月に公開された東映の本格的なヤクザ映画『孤狼《ころう》の血』(白石和彌《しらいしかずや》監督)もヒットして話題になり、続編の制作が決まった。私も試写会やイベントに呼んでいただいたが、本作は、実際には「ヤクザ映画」ではなく警察官が主人公の「警察官の映画」である。

映画では、ヤクザの暴力性が全編を通じて強調され、ヤクザ以上にヤクザらしい手口を使って街を守る主人公(役所広司《やくしょこうじ》)の奔走が描かれる。一方で、この主人公はヤクザとの「距離」を見失っているようにも見える。

作品の時代設定は1992年の暴対法施行直前とされるが、現在もヤクザに近づきすぎて堕《お》ちていく警察官は少なくない。ヤクザ以上に無軌道ともいえる警察官は、映画に限った話ではないのだ。現実の世界で起こっており、全国の警察不祥事の多発ぶりは相変わらずである。

2018年に話題になっただけでも、後述する現役の婦人警官とヤクザの「道ならぬ恋」のほか、福岡県警内での婦人警官への宴席での過度なセクハラ、熊本県警での「激辛焼きそばを食べさせる」などのパワハラ、北海道警の捜査員による生肉と焼肉のタレの万引き事件など「いくらなんでもレベルが低すぎる」としかいいようのない不祥事が目立つ。

特に、3月に発覚した新宿署の婦警（23歳）とヤクザの「恋」は、メディア各社が第一報後も熱心に追いかけていた。

当初の報道では「ヤクザが自分の捜査情報を知るためにしつこく誘った」「ハニートラップの可能性もある」と報じられたが、その後の取材で、実は婦警がヤクザの電話番号を調べて自分から連絡したことが明らかにされている。すなわち婦警のほうから「逆ナン」したのだ。ヤクザはかなりのイケメンであったとの話もあった。婦警は3月19日に依願退職し、捜査情報を漏らした罪で略式命令を受け、罰金30万円を納付したと報じられた。

過去に警察の情報漏洩《ろうえい》事案をめぐって、ここまでメディアが追いかけた例はあっただろうか。ワイドショーで取り上げられるようなことはほとんどなかったように思う。

つまりこの事件は「婦警が交際相手のヤクザに捜査情報を漏洩したことがけしからん」のではなく、ラブホテルから二人が出てきたという目撃談や、婦警は父親も警察官であること、婦警がカネをせびられていたことなどが世間的に単純に面白かっただけなのではないか。

ただし、これだけはいえる。こうしたスキャンダルが注目を浴び、ヤクザを扱った映画が評判を呼ぶということは、やはり「世間は実はヤクザが好き」なのであろう。

暴力団排除が進んでも、世間は常にヤクザに注目し、むしろ憧れているように見える。まことに不思議な現象だが、ヤクザと警察、そして世間の関係性は、昭和の頃から変わったようで、実はあまり変わっていないのかもしれない。

それでも、平成が終わろうとする今、司六代目が「異様」と表現したこの時代の「空気」は世間を覆いつくそうとしている。

ヤクザの歴史とは、ケンカの歴史である。

かけあしで山口組の１０３年をたどったが、改めて多くの血が流されてきたことには頭を垂れるしかない。

一方で、ヤクザは日本社会に根差してきたことも、改めて認識した。

一般の世間と裏社会は別個に存在しているのではなく、メビウスの輪のようにつながっており、表裏の区別はつかないのである。ヤクザが登場する映画や書籍に人気が集まるのは、裏社会が世間と無関係ではないからであろう。


「山口組が一つに戻る日は、来るんですか？」

ヤクザの取材をまったくしたことのなさそうな若い編集者やラジオのアナウンサーなどから、こう聞かれることもある。世間の「山口組への注目度」がよくわかる。

「さあ……。いつかは戻ると思うけど、それがいつになるかはわからないね。再来年か、10年後か……」

私は本音で答える。「一つの山口組」のために奔走している他団体のヤクザや元弁護士の活動も知っている。

「でも、なぜそんなことを聞くの？」

「ヤクザって、元は家族なんですよね？」

ある編集者から聞かれて、なるほどと思った。

「うーん。家族だから、始末が悪いんだよ。ここ30年くらいの殺人事件は、ほとんどがカタギの親族間の殺人だろう」

私は、わかったような、わからないような説明をしたのだが、疑似とはいえ家族であるがゆえに骨肉の争いとなって、それが収まらないのが「三つの山口組」の現状だと思う。

一方で、切り崩し作戦は今も続いていると聞く。

山口組ほどの大所帯であれば、意見が違う者たちがいるのは当然であり、その内部の不満を利用する者もいる。

不満をどこで解消するかは、トップの腕ということになるが、大きな組織ではそれも簡単ではないだろう。ここまでこじれてしまうと、他団体の介入は難しいとの指摘もある。アクの強い「フィクサー」たちもいなくなってしまって久しい。

さらに、シノギの問題もある。山口組に限らず、わずかなシノギを奪い合って対立が続いている。偽装ではなく本当に生活保護を受けなければ食っていけないヤクザも多い。

まさに八方ふさがりであるが、「死ぬまで極道として生きたいから、『一つの山口組』に戻すまでがんばる」という親分衆も少なからずいるので、今後も見守っていきたいと考えている。

【主要参考文献】（刊行年順）

和田信義『香具師奥義書』（文藝市場社　１９２９年）
岩井弘融『暴力　日本のやくざ』（平凡社　１９５７年）
大島藤太郎『封建的労働組織の研究』（御茶の水書房　１９６１年）
兵庫県警察本部刑事部捜査第四課『広域暴力団山口組壊滅史』（第一〜三編　非売品　１９６７年）
平岡正明『闇市水滸伝』（第三文明社　１９７３年）
須藤久『破邪顕正の浪漫』（三一書房　１９７４年）
総理府『同和対策の現況』（大蔵省印刷局　１９７７年）
藤田五郎『公安百年史―暴力追放の足跡』（公安問題研究協会　１９７８年）
株式会社上組編『株式会社　上組沿革史』（株式会社上組　１９７９年）
森川哲郎『血の宣告――ドン田岡狙撃事件』（三一書房　１９７９年）
福武直『日本社会の構造』（東京大学出版会　１９８１年）
鈴木達也『山口組壊滅せず』（東都書房刊、講談社発売　１９８４年）
矢野誠一『女興行師　吉本せい―浪花演藝史譚―』（中央公論社　１９８７年）
松原岩五郎『最暗黒の東京』（岩波書店　１９８８年）
山中一郎『平成ヤクザ―日本ヤクザに未来はあるか』（中央アート出版社　１９８９年）
黄民基『奴らが哭くまえに　猪飼野少年愚連隊』（筑摩書房　１９９３年）

【主要参考文献】

佐賀純一『浅草博徒一代―伊地知栄治のはなし』（筑摩書房　1993年）
飯干晃一『激突！　暴力世界〈死闘編〉』（角川書店　1993年）
加太こうじ『新版・日本のヤクザ』（大和書房　1993年）
塚田孝『近世身分制と周縁社会』（東京大学出版会　1997年）
神田由築『近世の芸能興行と地域社会』（東京大学出版会　1999年）
山平重樹『義侠ヤクザ伝・藤田卯一郎』（幻冬舎　2003年）
高橋敏『博徒の幕末維新』（筑摩書房　2004年）
溝口敦『渡辺芳則組長が語った「山口組経営学」』（竹書房　2005年）
竹中労『完本　美空ひばり』（筑摩書房　2005年）
笠原和夫『「仁義なき戦い」調査・取材録集成』（太田出版　2005年）
稲葉圭昭『警察と暴力団 癒着の構造』（双葉社　2014年）
廣末登『組長の娘―ヤクザの家に生まれて―』（新潮社　2016年）

※本文で出典を明示したものは省略した。また右記以外にも、多くの書籍、雑誌別冊を含むムック、政府刊行物、社史、日刊紙・夕刊紙・スポーツ新聞各紙、インターネットの有料データベースG-サーチなどを参考にさせていただいた。紙数の関係で割愛することをご海容願いたい（著者）。

山口組の103年と日本（太字が山口組関連事項。年表中敬称略）

1915（大正4）　**山口春吉が港湾労働者を中心に神戸で山口組を結成**
1918（大正7）　日本軍、ウラジオストクに上陸（シベリア出兵）
1923（大正12）　関東大震災
1925（大正14）　**春吉の長男・登が弱冠23歳で二代目組長襲名**
1941（昭和16）　太平洋戦争始まる
1945（昭和20）　終戦
1946（昭和21）　**田岡一雄が三代目を襲名。組織の規模拡大**
1949（昭和24）　GHQが1ドル＝360円のレートを設定
1950（昭和25）　朝鮮戦争勃発。戦争特需
1951（昭和26）　サンフランシスコ講和会議。日米安全保障条約調印
1953（昭和28）　**山本健一（のちの山口組若頭）らによる俳優・鶴田浩二襲撃事件**
1955（昭和30）　保守合同（自由民主党結党）
1959（昭和34）　皇太子（＝今上天皇）結婚

1960（昭和35）　日米安保改定阻止のスト続く
1964（昭和39）　警察が全国の暴力団を一斉取り締まり（第一次頂上作戦）
東海道新幹線開通。東京オリンピック。アメリカがベトナムに軍事介入
1969（昭和44）　田岡一雄、恐喝や威力業務妨害容疑で書類送検される
1970（昭和45）　大阪万国博覧会。東京で歩行者天国始まる
1972（昭和47）　沖縄返還。日中国交回復。札幌冬季オリンピック。田中角栄内閣（第一次）発足。日本赤軍によるテルアビブ空港乱射事件
1975（昭和50）　大阪府豊中市内の喫茶店で、山口組系組員3人が松田組系組員に射殺される（1人は重症）。「大阪戦争」の勃発
1976（昭和51）　ロッキード事件発覚
1978（昭和53）　田岡一雄、京都のクラブで狙撃される（ベラミ事件）
1981（昭和56）　田岡一雄、急性心不全で死去
1984（昭和59）　竹中正久が四代目襲名。これに山本広（山口組組長代行）らが反発し、「一和会」を結成。「山一抗争」が始まる
1985（昭和60）　大阪府吹田市内のマンションで待ち伏せしていた一和会系組員が、竹中正久を殺害。山口組の報復が激化する

1989（平成元）　山本広（一和会会長）、引退を表明。一和会は解散。山一抗争が終結する。死者は双方で29人。同年、渡邉芳則が五代目を襲名
昭和天皇崩御。平成に改元。日経平均株価、大納会で3万8957円の最高値を記録
1992（平成4）　暴力団対策法施行。山口組、稲川会、住吉会など22団体が指定暴力団に
1995（平成7）　阪神・淡路大震災。オウム真理教による地下鉄サリン事件
1997（平成9）　五代目山口組若頭の宅見勝が、神戸市内のホテルで山口組系三次団体・中野会の組員に射殺される
1999（平成11）　組織犯罪処罰法が成立
2002（平成14）　日朝首脳会談で拉致被害者5人が帰国
2005（平成17）　渡邉芳則、引退を表明。司忍（篠田建市）が六代目を襲名
2008（平成20）　改正暴力団対策法施行
2009（平成21）　第45回衆議院議員総選挙で民主党が大勝。鳩山由紀夫政権発足
2011（平成23）　銃刀法違反で収監されていた司忍が出所。東京都が暴力団排除条例を施行
東日本大震災
2012（平成24）　米財務省、六代目山口組の資産を凍結。渡邉芳則死去

2015（平成27）　自民党が政権を奪還
六代目山口組の直系組長13名が離脱、井上邦雄を組長に神戸山口組結成
2017（平成29）　神戸山口組が分裂し、任侠団体山口組（後に任侠山口組に改称）結成
皇室会議で今上天皇の退位日を2019年4月30日に決定
2018（平成30）　法務省、暴力団の会社設立を禁止する方針を発表。兵庫県公安委員会が任侠山口組を指定暴力団に指定

宮崎 学　みやざき・まなぶ

1945年、京都府生まれ。早稲田大学中退。父は伏見のヤクザで土建業を営む寺村組組長。早稲田大学在学中は学生運動に没頭し、共産系ゲバルト部隊隊長として名を馳せる。週刊誌記者を経て実家の建築解体業を継ぐが倒産。半生を綴った『突破者』で衝撃デビューを果たし、以後旺盛な執筆・言論活動を続ける。小社から『談合文化論』『「自己啓発病」社会』『突破者外伝』『戦争と革命と暴力』（佐藤優氏との共著）を上梓。

山口組《やまぐちぐみ》と日本《にほん》
――結成《けつせい》103年《ねん》の通史《つうし》から近代《きんだい》を読《よ》む

宮崎《みやざき》 学《まなぶ》

2018年8月10日　初版第1刷発行

発行者……………辻 浩明
発行所……………祥伝社しょうでんしゃ
〒101-8701　東京都千代田区神田神保町3-3
電話　03(3265)2081(販売部)
電話　03(3265)2310(編集部)
電話　03(3265)3622(業務部)
ホームページ　http://www.shodensha.co.jp/

装丁者……………盛川和洋
印刷所……………堀内印刷
製本所……………ナショナル製本

Printed in Japan　ISBN978-4-396-11544-9　C0230

〈特に社長新書〉
経済を知る

資本主義を改革する
岩井克人著

世界経済を揺さぶる金融危機。それを乗り越えるために必要な新しい資本主義像を探る。

503

資本論の世界
高橋洋児著

古典として読みつがれる『資本論』の真髄を平易に解き明かす。

478

ポスト冷戦
高坂正堯著

インテリジェンスから見た冷戦後の世界秩序。

394

田中正造
由井正臣著

足尾鉱毒事件で生涯を捧げた明治の政治家の評伝。

498

減税ニッポン「超」大国への道すじ
林宏昭著

消費税が導入された1989年から2020年までの税制改革をたどる。

〈特に社新書〉

——ベストセラーの闘題

412
東大のクイズ王が教える！
頭を鍛える5つのツボ
粂原圭太郎

491
思考力を鍛える20の習慣！
一流の頭脳が育つ

420
日本はこうして「衰退」を選んだ
「賃金が上がらない国」の末路

500
私の20年後を知りたい。
相続税対策専門税理士が教える

495
田中角栄の昭和史が教える人間の器の磨き方
なぜ君たちは出世を目指さないのか？

渋沢栄一
青春新書

岩瀬大輔
青春新書プレイブックス

野口悠紀雄
青春新書インテリジェンス

本郷尚志
青春新書プレイブックス

保阪正康
青春新書インテリジェンス